clave

Antoni Bolinches es un prestigioso psicólogo que desarrolla una importante labor clínica, pedagógica y divulgativa en el ámbito de la psicoterapia, la sexología clínica y la terapia de pareja. Para ello ha creado una metodología propia conocida como «Terapia Vital». Fue uno de los introductores de la psicología humanista en nuestro país, y el éxito de sus libros de autoayuda le ha convertido en un autor de referencia para las nuevas generaciones de psicólogos españoles e iberoamericanos. Entre su bibliografía fundamental, cabe destacar: *El cambio psicológico*, *La felicidad personal*, *El arte de enamorar*, *Sexo sabio*, *Amor al segundo intento*, *Peter Pan puede crecer* y *Tú y yo somos seis*.

ANTONI BOLINCHES

Peter Pan puede crecer

DEBOLSILLO

Papel certificado por el Forest Stewardship Council®

Segunda edición en Debolsillo: junio de 2014
Decimoprimera reimpresión: diciembre de 2025

© 2010, Antoni Bolinches
© 2010, Penguin Random House Grupo Editorial, S. A. U.
Travessera de Gràcia, 47-49. 08021 Barcelona
Diseño de la cubierta: Juan Pablo cambariere
Fotografía de la cubierta: © thinkstock.com

Penguin Random House Grupo Editorial apoya la protección de la propiedad intelectual. La propiedad intelectual estimula la creatividad, defiende la diversidad en el ámbito de las ideas y el conocimiento, promueve la libre expresión y favorece una cultura viva. Gracias por comprar una edición autorizada de este libro y por respetar las leyes de propiedad intelectual al no reproducir ni distribuir ninguna parte de esta obra por ningún medio sin permiso. Al hacerlo está respaldando a los autores y permitiendo que PRHGE continúe publicando libros para todos los lectores. Ninguna parte de este libro puede ser utilizada o reproducida con el propósito de entrenar tecnologías o sistemas de inteligencia artificial. PRHGE se reserva expresamente la reproducción, la extracción y el uso de esta obra y de cualquiera de sus elementos para fines de minería de textos y datos y el uso a medios de lectura mecánica u otros medios que resulten adecuados (art. 67.3 del Real Decreto Ley 24/2021). Diríjase a CEDRO (Centro Español de Derechos Reprográficos, http://www.cedro.org) si necesita reproducir algún fragmento de esta obra.
En caso de necesidad, contacte con: seguridadproductos@penguinrandomhouse.com

Printed in Spain – Impreso en España

ISBN: 978-84-9908-825-9
Depósito legal: B-8.499-2011

Compuesto en Anglofort, S. A.

Impreso en QP Print

P 8 8 8 2 5 D

*A Sigmund Freud porque gracias a sus enseñanzas aprendí
a interpretar los sueños y a convertirlos en realidad.*

*A Carl R. Rogers porque su método me permitió ser terapeuta
de mí mismo.*

*A Eric Berne por haber creado un sistema magistral
de diálogo interior.*

*A todos los hombres Peter Pan que desean iniciar su viaje
hacia la madurez.*

*A mi nieto y a todos los niños de su generación para que orienten
su vuelo hacia el país del Presente y el Ahora.*

Índice

AGRADECIMIENTOS	13
INTRODUCCIÓN	15
1. PETER PAN, UN MITO UNIVERSAL	17
Peter Pan: La obra	19
James Matthew Barrie: El creador	21
Walt Disney: La película	25
Dan Kiley: El síndrome	27
2. LA GENERACIÓN PETER PAN	31
El sistema capitalista como caldo de cultivo	33
El sistema educacional permisivo como facilitador	34
La liberación y promoción de la mujer como factor desencadenante	39
3. EL PERFIL DEL HOMBRE PETER PAN	47
El referente literario	48
Autoevaluación para el hombre Peter Pan	57
Rasgos básicos del perfil	60
4. EL NIÑO QUE NO QUIERE CRECER	67
El príncipe destronado	70
El príncipe vagabundo	74

    El patito feo 78
    El niño invisible 81
    Reflexión para niños que ya no lo son 84

5. EL JOVEN PETER PAN 87
    La autoimagen del joven Peter Pan 89
    El autoconcepto del joven Peter Pan 91
    El Peter Pan seductor 97
    El Peter Pan narcisista 99
    El Peter Pan intelectual 103
    El Peter Pan servicial 107
    Reflexiones para jóvenes con futuro 110

6. PETER PAN PUEDE CRECER 113
    El sistema PAN 115
    El Padre y el Adulto educan al Niño 119
    El Niño que acepta ser educado 123

7. TERAPIA VITAL PARA PETER PAN 127
    El diálogo interior 129
    El sentimiento de congruencia 133
    Las conductas de autoafirmación 138

8. EL VIAJE DEL HOMBRE HACIA
    SU MADUREZ 141
    Cosas que ayudan a madurar 148
    Las decisiones cruciales 152
    Los amores que curan 160
    La psicoterapia 167

MENSAJE PARA LOS HOMBRES DEL FUTURO	173
NOTA AL LECTOR	177
ÍNDICE DE FIGURAS	179
GLOSARIO	181
OTROS LIBROS DEL AUTOR	185

Agradecimientos

Gracias a James Matthew Barrie y a Walt Disney por haber creado un personaje inolvidable que aún sigue haciendo volar la imaginación de niños y adultos.

Gracias a Dan Kiley por haber sido el pionero de un camino psicológico que otros hemos seguido explorando.

Gracias a mis clientes Peter Pan y a las mujeres que se han relacionado con ellos porque en virtud del trabajo que hemos realizado juntos, ahora puedo ofrecerles este libro de autoayuda.

Y por último, gracias a mis apreciadas compañeras del equipo clínico del IPAB por compartir conmigo el ilusionante proyecto de ayudar a que los Niños Perdidos encuentren el camino del País del Presente y el Ahora.

Introducción

> El mejor efecto de cualquier libro es
> que incite a su lector a la acción.
>
> THOMAS CARLYLE

Hace un siglo nació un personaje teatral, que el cine inmortalizó y que después sirvió para tipificar un síndrome. El autor de la obra fue James Matthew Barrie; el creador de la película, Walt Disney; el síndrome lo definió Dan Kiley, y el protagonista del fenómeno se llama Peter Pan, el niño que no quería crecer.

Quizá porque no quería crecer su popularidad no ha dejado de acrecentarse con el tiempo y, a los cien años de su nacimiento, su nombre se utiliza como sinónimo de inmadurez masculina y su perfil caracteriza a toda una generación de hombres que en el siglo XXI han alcanzado la mayoría de edad cronológica, pero que están muy lejos de alcanzar la madurez personal.

De ese personaje de ficción, convertido en paradigma de la inmadurez, trata este libro. Un libro que nace con el deseo de ayudar a que los Peter Pan del presente dejen de serlo en el futuro. Y puesto que a Peter Pan le gusta viajar voy a proponer, a todos los hombres que lo deseen, un viaje hacia sí mismos para que, en lugar de volar hacia el País de Nunca Jamás, orienten su rumbo hacia el País del Presente y el Ahora. Para este viaje cercano y real no necesitan volar ni dejar de crecer; basta con que sean capaces de aceptar que lo único que pueden conseguir al intentar mantenerse en la infancia es convertirse en adultos inmaduros que corren el riesgo de neurotizarse cronificando su inmadurez.

Las personas no podemos detener el tiempo y, por tanto, no podemos evitar el envejecimiento, pero sí podemos elegir lo que hacemos durante nuestro viaje por la vida. Podemos aprovecharlo para aprender de lo que vamos viviendo o podemos vivir como si el tiempo no pasara. Quien elige el primer camino tiene muchas posibilidades de madurar y convertirse en una persona autorrealizada, pero quien elige el segundo es muy probable que se convierta en un viejo y anquilosado Peter Pan o que incluso se transforme en un Capitán Garfio. Que cada cual inicie su viaje hacia el futuro que prefiera.

1
Peter Pan, un mito universal

> Una idea puede convertirse en polvo o en magia, según el talento con que se frote.
>
> WILLIAM BERNBACH

Peter Pan viene del pasado pero ha alcanzado su apogeo en el presente. Dan Kiley se inspiró en él para definir un síndrome y yo voy a tomarlo como referente para identificar a toda una generación de jóvenes que no saben volar solos hacia su futuro y prefieren refugiarse en la infancia. Pero ¿qué tiene un personaje, creado hace más de cien años, para que perdure en el tiempo y se convierta en prototipo del comportamiento masculino de muchos jóvenes del siglo XXI? ¿Fue James Matthew Barrie un visionario, al estilo de Julio Verne, capaz de prever el futuro y adivinar cómo serían los hombres actuales?, ¿o han sido los hombres actuales los que han encontrado en Peter Pan un referente de comportamiento que los ayuda a evadirse de la realidad creyendo que pueden refugiarse en el País de Nunca Jamás? ¿Existen realmente tantos hombres que se comportan como Peter Pan y se niegan conscientemente a madurar? ¿Pueden madurar esos hombres o están condenados a vivir para siempre en su paraíso infantil imaginario entre una fantasía que no existe y una realidad que no aceptan?

Dar respuesta a esas preguntas es la principal finalidad de este libro; pero la motivación básica para escribirlo reside en mi propio interés por el tema y en las múltiples peticiones que he recibido de mujeres que están sufriendo los efectos de relacionarse con hombres a los que atribuyen un alto grado de inmadurez, comportamiento infantil y miedo al compromiso. Se refieren a ellos como «hombres Peter Pan». Y puesto que el descontento de las mujeres con respecto a ese estilo de comportamiento masculino es creciente, porque el porcentaje de hombres Peter Pan aumenta constantemente, es natural que, como escritor de autoayuda, acepte el reto de reflexionar y aportar soluciones a un problema que afecta de lleno a los tres ámbitos en los que desarrollo mi actividad terapéutica: la persona, la pareja y la sexualidad.

Supongo que en mi libro *El arte de enamorar* ya intuía la progresiva conflictividad que se está produciendo en el modelo de relaciones de género cuando, al referirme a las dificultades que deben superar las personas para encontrar parejas adecuadas, decía que «mientras los hombres siguen buscando mujeres que ya no existen, las mujeres aspiran a encontrar hombres que todavía no existen». Desde entonces han transcurrido doce años y el problema, lejos de atenuarse, se agudiza. Cada vez hay más mujeres que no encuentran hombres adecuados y cada vez es mayor el número de hombres que no saben cómo adecuarse a lo que quieren las mujeres. En definitiva, exponiendo el problema con los nombres de los personajes de la obra que da título al libro, cada vez hay más hombres Peter Pan, porque cada vez hay menos mujeres Wendy. Y como no creo que las mujeres quieran volver a ser conformistas cuidadoras de los hombres, a ellos no les queda más remedio que empezar a evolucionar hasta convertirse en adultos autónomos capaces de relacionarse, en condiciones de igualdad, con las mujeres.

Por consiguiente, y para decirlo claramente: si Peter Pan quiere encontrar pareja no le queda más remedio que crecer. Y puesto que el principal objetivo de este libro es ayudar a que cada vez existan más hombres adecuados para las mujeres, y más mujeres adecuadas para los hombres, quizá convenga recordar a los jóvenes de ambos sexos el contenido de la historia de un personaje de ficción que se ha convertido con los años en un modelo que sirve para definir un tipo muy común de hombre contemporáneo.

Peter Pan: La obra

Como su propio creador James M. Barrie anunció en el subtítulo, el relato de Peter Pan es la historia de un niño que no quería crecer; por eso se había refugiado en el País de Nunca Jamás, donde le era posible mantenerse permanentemente en la infancia y vivir aventuras sin fin.

La obra se estrenó el 27 de diciembre de 1904 en el Duke of York's Theatre de Londres y la acción inicial está situada en la casa de la familia Darling, que está formada por el señor y la señora Darling, sus tres hijos, Wendy, Michael y John, y un perro terranova, llamado Nana, que ejerce de niñera.

En ese marco familiar donde la fantasía se mezcla con la realidad, un niño volador llamado Peter Pan los visita por las noches e invita a los tres hermanos a que viajen al País de Nunca Jamás. Para ello no tienen más que confiar en él y dejar que Campanilla, la pequeña hada que siempre lo acompaña, les dote de la facultad de volar gracias a los polvos mágicos de sus pequeñas alas. La tentación es tan grande que los niños se dejan convencer e inician su viaje hacia la isla donde podrán vivir aventuras sin fin con Peter Pan y otros niños perdidos, aunque para ello deberán afrontar importantes peligros y luchar contra el Capitán Garfio y sus piratas.

Como por lo visto hasta las hadas son celosas, en el viaje ya se producen los primeros incidentes cuando Campanilla se adelanta en el vuelo y les dice a los niños perdidos que disparen una flecha al gran pájaro que se acerca con Peter. De esa manera es recibida Wendy en su nuevo hogar. Por fortuna la flecha no penetra en su cuerpo y puede convertirse en madre solícita de sus propios hermanos menores, de Peter Pan y de los demás niños perdidos.

Entre juegos, sirenas, indios y piratas pasa sus días la nueva y original familia hasta que el Capitán Garfio, lleno de envidia porque los niños han encontrado una madre, tiende una emboscada a Wendy, a Michael y a John y los hace prisioneros. Entonces, para que no pueda rescatarlos, Garfio decide acabar con Peter Pan y añade, a una medicina que Wendy ha preparado para él, cinco gotas de veneno destilado de sus propios ojos. Pero Campanilla, que está en antecedentes del malvado plan, decide sacrificarse por su amado Peter y se anticipa ingiriendo ella la medicina. Naturalmente, con su acción Campanilla reafirma su condición de hada buena, y como las hadas buenas no pueden morir, Campanilla recupera milagrosamente la salud y Peter, contento y fortalecido, vuela hacia el barco de Garfio para rescatar a Wendy, a sus hermanos y a los niños perdidos. Como es lógico —porque para eso es el protagonista de la historia—, Peter logra liberarlos a todos y el Capitán Garfio termina entre las fauces del mismo cocodrilo que en el pasado le devoró un brazo y que, por fin, consigue acabar el trabajo pendiente.

Total, que con tantas y tan intensas aventuras no es extraño que la juiciosa Wendy decida volver al hogar familiar. Pero como no quiere perder a Peter, intenta convencerlo para que se deje adoptar por su familia y permanezca con ellos en el mundo real. Evidentemente Peter no acepta —porque para eso es un niño que no quiere crecer—, y regresa al País de Nunca Jamás, gracias a lo cual, aunque Barrie ni siquiera pudiera imaginarlo entonces, queda convertido en el paradigma de un modo de comportarse muy común entre los hombres del siglo XXI. Claro que todo eso no hubiera ocurrido sin la fértil imaginación de ese pequeño gran escritor que nació en el siglo XIX.

JAMES MATTHEW BARRIE: EL CREADOR

Peter Pan es un personaje de ficción que ha alcanzado mayor fama que su autor. Pero como los personajes no existirían si alguien no se atreviera a inventarlos, en la persona de quien creó una fantasía tan ingeniosa, quiero rendir un homenaje a todos los autores conocidos y desconocidos que, a lo largo de la historia, han visto oscurecido su nombre por el brillo de sus creaciones.

James Matthew Barrie nació y pasó la infancia en el pequeño pueblo escocés de Kirriemuir, y desde los siete años su vida quedó marcada por un trágico accidente en el que falleció su hermano David, de catorce, a consecuencia de la caída que sufrió mientras patinaba en un lago helado. Desde entonces pesó sobre James la exigente figura de su madre que quiso convertir al pequeño James en sustituto de David, sometiéndolo a una presión educativa impropia de su edad. James, abrumado por el peso de la responsabilidad, se convirtió en un niño enfermizo y solitario que reaccionó negándose a crecer porque no quería aceptar las obligaciones que le esperaban en el mundo de los adultos. Pasaron los años y cuando ya era famoso declaró, en cierta ocasión, que recordaba que en su infancia no quería crecer porque sabía que eso significaba dejar de jugar.

Barrie resolvió esa problemática de una forma bastante curiosa: mientras su estatura se estancaba, su capaciad de invención se expandía hasta dotarlo de la portentosa imaginación que después desarrollaría como escritor. El joven James obtuvo el título de Master of Arts el año 1883 en la Universidad de Edimburgo y en 1884 se trasladó a Londres, donde ejerció de periodista, novelista y dramaturgo, dejando para la historia una original obra literaria digna de ser analizada por el más famoso de sus contemporáneos, Sigmund Freud, ya que todos sus textos son un fiel reflejo del principio freudiano que entiende la creatividad como una sublimación de las propias frustraciones. Y como las frustraciones de Barrie fueron muchas, también su obra fue extensa y sus temáticas biográficamente reveladoras.

Su primera novela, publicada en 1887, fue una sátira de la vida londinense —a la que no acababa de adaptarse— que llevaba por título *Better Dead*. En 1888 alcanzó cierto éxito con *Idilios de otro tiempo*, que era un homenaje nostálgico a su pasado. Y como fumador empedernido escribió en 1890 *My Lady Nicotine*. También sus mejores novelas *Sentimental Tommy* (1896) y *Tommy and Grizel* (1900) son marcadamente autobiográficas, puesto que hablan de un joven artista incapaz de amar plenamente a una mujer, que era exactamente lo que le ocurría al propio Barrie en la vida real, quien en 1894 se había casado con la actriz Mary Ansell, con la que mantuvo una conflictiva relación hasta su divorcio en 1909. Pero donde más claramente se refleja su propia problemática física y psicológica es en su obra cumbre, *Peter Pan*, donde su baja estatura como adulto —los datos más fiables la sitúan entre 1,47 y 1,50 metros— queda proyectada en la figura del niño que no quería crecer. Por ello, y en cierto sentido, podemos considerar a Peter Pan como la sublimación idealizada del propio Barrie, aunque, según su propia confesión, la inspiración externa la encontró en los hijos de la familia Davies, a los que conoció en 1897 mientras paseaba por el londinense parque de Kensington.

Así pues, Peter Pan es el resultado de la interacción entre un hombre de baja estatura —pero de gran imaginación— y tres niños con los que jugaba a contar cuentos en los que se mezclaban familias reales con aventuras imaginarias. La familia real era la que formaban el abogado Arthur Llewelyn Davies, su bella esposa Sylvia —de quien Barrie se enamoró platónicamente— y sus tres hijos, George, Jack y Peter. Y las aventuras imaginarias eran las que inventaban Barrie y los niños jugando a contarse cuentos y leyendo a los grandes clásicos de la literatura infantil. De hecho Barrie comentó, en su momento, que la historia de Peter Pan se gestó en 1902 en una de esas sesiones de fecundo juego creativo que mantenía con George —que entonces tenía nueve años—. La diversión consistía en ir añadiendo ambos aportaciones propias a los relatos que Barrie iniciaba. De esa manera la historia fue creciendo hasta convertirse en el embrión del libreto de la famosa obra.

Así se creó Peter Pan; en un juego entre un autor que quería ser niño, y un niño que jugaba a ser autor, nació el argumento de una de las obras cumbre de la literatura infantil que mayor trascendencia sigue teniendo en el mundo de los adultos: la historia de un niño que no quería crecer.

Barrie proyectó en Peter Pan la problemática de su infancia traumática. Y el acto I, cuando Peter entra en el cuarto de los niños en busca de su propia sombra, puede interpretarse perfectamente como la sublimación inconsciente del luctuoso episodio de la muerte prematura de su hermano David. Un suceso que lo acompañó durante toda su vida y que inspiró su obra teatral más amarga, *The Boy David*, escrita en 1936. David fue para James el primero de los niños perdidos que habitó en el País de Nunca Jamás y la sombra que marcó para siempre la vida de un niño que pasó su infancia intentando ser quien no era para sustituir a un hermano que ya no existía.

Con esos antecedentes infantiles no es extraño que el Barrie adulto buscara en los Davies un subrogado de la familia ideal que nunca tuvo, y que mantuviera con ellos una estrecha relación durante el resto de su vida. Hasta tal punto fue así que cuando murieron Arthur y Sylvia adoptó y cuidó a todos sus hijos, que para entonces ya eran cinco, convirtiéndolos en su propia familia.

De esa peculiar relación entre un hombre acomplejado, una familia acomodada y unos niños revoltosos nació la historia del niño que se negaba a crecer porque quería seguir jugando en un mundo imaginario de aventuras sin fin. Barrie murió en Londres en 1937, pero desde entonces la figura de su pequeño personaje no ha dejado de agrandarse y se ha convertido en un mito moderno que sigue alimentando la imaginación de niños y adultos cien años después de haber sido creado. Claro que de ello no podemos responsabilizar sólo al autor del personaje, sino que gran parte de su proyección actual se debe a quien lo recreó para el cine dotándolo de esa imagen de adolescente pícaro y juguetón, de rasgos aniñados, que ha quedado grabado para siempre en el inconsciente colectivo de nuestra sociedad.

Walt Disney: La película

Aunque sin Barrie no existiría la historia, fue Walt Disney quien dibujó la imagen que ha dado proyección mundial al personaje. Barrie creó a Peter Pan y Disney lo dibujó para el cine. Y desde entonces la figura de ese gracioso niño, travieso e inmaduro, ha ido creciendo entre nosotros hasta convertirse en referente de un síndrome que en el siglo XXI está adquiriendo dimensiones pandémicas. Y es que, aunque en ocasiones la realidad supera la ficción, también es cierto que en muchas otras es la ficción la que ayuda a crear la realidad, consiguiendo que personajes imaginarios produzcan efectos reales.

Peter Pan es quizá la muestra más paradigmática de ese fenómeno de influencia cultural de una figura imaginaria. Empezó a volar en un teatro de Londres, se paseó por los cines de todo el mundo, entró después en nuestra casa, a través de la ventana del televisor, y se instaló para siempre en nuestra memoria colectiva.

Claro que todo eso no habría sucedido si a la magia del personaje no se hubiera unido la genialidad del dibujante que le confirió personalidad fílmica. Por eso me complace enormemente hablarles un poco de quien, con sus dibujos, creó la iconografía definitiva e imperecedera de ese niño volador que sigue habitando entre nosotros.

Walt Disney nació en Chicago en 1901 y su afición por el dibujo se desarrolló tempranamente. En 1918 diversas revistas estadounidenses empezaron a publicar sus primeras caricaturas, y en 1923 se instaló en Hollywood donde logró comercializar su primer cortometraje, *Alice's Wonderland*, en el que combinaba dibujos animados con imágenes de una niña real. El personaje se convirtió en la protagonista de una serie y obtuvo el éxito necesario para que su distribuidor, Charles Mintz, le propusiera crear una nueva serie con un nuevo personaje. Entonces nació el simpático conejo Oswald, cuyos rasgos prefiguraron lo que pronto se conocería en todo el mundo como el estilo Disney. Una escuela de dibujantes e ilustradores que, dirigidos por la genialidad de Disney, crearon para el cine personajes y películas inolvidables. En 1928 apareció Mickey Mouse, después llegaron el Pato Donald, Pluto y otros muchos personajes de ficción cuya característica principal era que se trataba de animales con aspecto antropomórfico y gran capacidad para distorsionarse, aplastarse o alargarse con la misma rapidez con la que lograban recomponerse.

En esa época la factoría Disney contaba ya con la colaboración de los mejores dibujantes del país, y era capaz de producir gran número de películas, entre las que destacaron los grandes clásicos del género: *Blancanieves y los siete enanitos* (1937), *Pinocho* (1940), *Fantasía* (1941), *Bambi* (1942), *Los tres caballeros* (1944), *Dumbo* (1947), *La Cenicienta* (1950), *Alicia en el País de las Maravillas* (1951), *Peter Pan* (1953), *La dama y el vagabundo* (1955), *La bella durmiente* (1959), *101 dálmatas* (1961), *Merlín el encantador* (1963) y *El libro de la selva* (1967). Estas catorce obras maestras de la factoría Disney convirtieron a su creador en una de las figuras más populares del siglo XX. Disney murió en California en 1966, sin poder asistir al estreno de su última película, pero los principales personajes de sus imaginativas historias siguen vivos y muchos de ellos han sido tomados por la psicología como un referente para describir comportamientos y tipificar síndromes.

Si una persona es muy mentirosa se dice de ella que le crecerá la nariz como a Pinocho. Si una mujer asume resignada todas las tareas del hogar se la califica de Cenicienta. Si alguien parece inocente y desamparado se le considera un Bambi. Y a los hombres que tienen miedo al compromiso y desarrollan comportamientos infantiles, los llamamos Peter Pan. A los Pinochos, Cenicientas y Bambis, los ha bautizado como tales la cultura popular; pero los hombres Peter Pan deben su nombre a un padre conocido: el ilustre psicólogo estadounidense Dan Kiley.

Dan Kiley: El síndrome

Aunque el primero que asoció la figura de Peter Pan a un determinado tipo de comportamiento adulto inmaduro fue Eric Berne, el creador del Análisis Transaccional, quien desarrolló, de manera sistemática, la problemática específica de los jóvenes que no quieren crecer, fue Dan Kiley, cuando en 1983 publicó *El síndrome de Peter Pan*, un libro que como él mismo señaló en el prefacio «se ocupa de varones adultos que no han madurado».

Kiley se doctoró en la Universidad de Illinois y comenzó su carrera de psicólogo tratando a delincuentes juveniles. Posteriormente derivó su ámbito de intervención hacia adolescentes con problemas, estudiantes universitarios y matrimonios conflictivos, lo cual le permitió adquirir una amplia experiencia clínica, que le sirvió de base para escribir el libro que le confirió notoriedad mundial, aunque en su bibliografía cuenta también con otras obras interesantes sobre el mismo tema como son *El dilema de Wendy* (1984) y *Vivir juntos, sentirse solo* (1990) donde el autor confesó comportamientos propios del síndrome que él mismo definió.

Kiley falleció en 1996 pero su obra perdura como un referente inicial de quien supo sistematizar una serie de rasgos comunes que sirvieron para definir el comportamiento inmaduro de los hombres adultos. Por esa razón, y en homenaje a quien fue pionero en el estudio del comportamiento de los hombres Peter Pan, recordaré los siete rasgos psicológicos de quienes padecen tal síndrome, según los describió el propio autor:*

Rasgos de comportamiento del hombre Peter Pan según Dan Kiley

1. *Parálisis emocional*: Las emociones de la víctima están atrofiadas. No se expresan en la misma forma que se experimentan. La ira, a menudo, se presenta como un acceso de furia; la alegría toma forma de histeria, y el desencanto se convierte en autocompasión. La tristeza puede manifestarse como alegría forzada, travesura infantil o risa nerviosa.
2. *Dilaciones*: Durante la etapa de desarrollo, la víctima joven posterga las cosas hasta que se ve absolutamente obligado a hacerlas. «Yo no sé» y «no me importa» se convierten en su defensa contra las críticas. En su vida, sus objetivos son contradictorios y mal definidos, principalmente porque la víctima deja para mañana la tarea de pensar en ellos.
3. *Impotencia social*: Por más que lo intenten, las víctimas no pueden hacer verdaderos amigos. De adolescentes, son dirigidos fácilmente por sus compañeros. Los impulsos tienen prioridad sobre un auténtico sentido de lo correcto y lo incorrecto. Buscar amigos y ser amistosos con meros conocidos se antepone a las demostraciones de amor e interés por la familia.

---

*Dr. DAN KILEY, *El síndrome de Peter Pan*, Javier Vergara Editor, Buenos Aires, 1983, págs. 22-26.

4. *Pensamiento mágico*: «Si no pienso en ello, desaparecerá.» «Si pienso que será diferente, lo será.» Estas dos citas reflejan el pensamiento mágico de las víctimas. La magia mental les impide admitir sinceramente sus equivocaciones y les resulta imposible decir «lo siento» o pedir perdón.
5. *Relación con la madre*: La ira y la culpa les producen una ambivalencia abrumadora hacia la madre. Las víctimas desean liberarse de la influencia de ella, pero se sienten culpables cada vez que lo intentan. Cuando están con su madre hay tensión en el aire; una tirantez salpicada de sarcasmos, seguidos de momentos de ternura reactiva.
6. *Relación con el padre*: La víctima se siente apartada de él. Ansía estar cerca, pero ha decidido que no puede recibir su amor ni su aprobación. La víctima de más edad lo sigue idolatrando aunque sin comprender las limitaciones de su padre, y mucho menos aceptar sus defectos.
7. *Fijación sexual*: La impotencia social de la víctima se extiende hasta el terreno sexual. Poco después de la pubertad empieza desesperadamente a buscar una amiga. Sin embargo, su inmadurez y su necesidad suelen ahuyentar a la mayoría de las chicas.

Esos eran, en esencia, los principales rasgos que Kiley detectó en los hombres que sufrían el síndrome y, como pueden observar, a quienes actuaban de tal manera los calificaba de «víctimas» para enfatizar su condición de perjudicados por su propia problemática. Pero, a los efectos de este ensayo, más relevante que conocer cuál era el perfil de los jóvenes Peter Pan de entonces y de quién era la culpa de su actitud, lo que realmente me interesa es explicar las causas por las cuales un síndrome que definía un comportamiento minoritario se ha convertido en un rasgo del carácter ampliamente arraigado. Por qué una problemática concreta de ciertos jóvenes estadounidenses de los años ochenta del siglo pasado se ha convertido, en treinta años, en un modelo de comportamiento muy común entre los jóvenes adultos que han alcanzado la mayoría de edad. Y como la respuesta es muy compleja, y excede los límites de un enfoque exclusivamente psicológico, creo que para hacer comprensible el fenómeno debo exponer primero las razones sociológicas que lo han hecho posible.

2

La generación Peter Pan

> Hay algo más triste que envejecer y es seguir siendo niño.
>
> CESARE PAVESE

¿Existen realmente muchos hombres Peter Pan? ¿Son tantos como para que podamos hablar, con propiedad, de una generación? Si preguntamos a las mujeres, seguro que la respuesta mayoritaria será afirmativa. En cambio, si la respuesta fuera de los hombres el resultado sería mucho más ambiguo porque sólo una tercera parte reconocería el problema, otra tercera parte intentaría minimizarlo y la restante simplemente rechazaría la hipótesis y culparía de tal afirmación al feminismo militante.

Pero como los hombres Peter Pan existen y tenemos constancia empírica de ello porque multitud de mujeres se quejan amargamente de las consecuencias de su comportamiento, y también los propios hombres empiezan a identificar en sí mismos alguno de los rasgos de ese perfil, quizá sea bueno para ellos, para las mujeres y para el futuro de las relaciones de género, que todos seamos conscientes de lo que les está ocurriendo a esos jóvenes desorientados que alcanzan la condición de adultos en un tiempo histórico muy distinto al que vivieron sus abuelos, porque se han encargado de cambiarlo las mujeres.

Nunca en tan poco tiempo se había producido un cambio tan radical como el que está teniendo lugar en el modelo de relaciones de género. Y en ese cambio, según mi teoría, está la base de las razones sociológicas que han propiciado la aparición de la generación de hombres Peter Pan.

Naturalmente, una transformación tan compleja obedece a múltiples factores, y seguro que algunos de ellos escapan a mi capacidad de análisis y ámbito de conocimiento. Pero analizando el tema desde una perspectiva psicosocial, creo que las razones básicas que han generado la proliferación de hombres Peter Pan están relacionadas con la escala de valores propia del sistema capitalista, la educación que hemos dado a nuestros hijos y el cambio en el modelo de relaciones de género que han impulsado las mujeres. Y para desarrollar suficientemente lo que a mi juicio ha ocurrido voy a tratar de sistematizar mis argumentos en tres apartados cuyos enunciados sirven, a la vez, para contextualizar el fenómeno y hacer comprensible sus causas:

1. El sistema capitalista como caldo de cultivo.
2. El sistema educacional permisivo como facilitador.
3. La liberación y promoción de la mujer como factor desencadenante.

Veamos, pues, cómo se ha desarrollado ese proceso psicosocial y cómo cada uno de los aspectos citados ha posibilitado la aparición de la generación Peter Pan.

El sistema capitalista como caldo de cultivo

Como es evidente que es poco relevante y nada resolutivo adjudicar a un sistema todo lo que ocurre dentro de él, debo precisar que, al establecer esa asociación entre nuestro sistema económico y los hombres Peter Pan, me refiero concretamente al modelo de felicidad consumista que defiende el capitalismo, puesto que, a mi juicio, tiene un papel determinante en la gestación del fenómeno. Según mi criterio, el mecanismo que ha transformado el modelo de felicidad consumista en un facilitador de la aparición del hombre Peter Pan ha sido el siguiente:

a) El capitalismo ha creado una escala de valores sociales que sitúa al consumismo hedonista como principal referente de la felicidad. Dentro de este esquema, la persona, para intentar ser feliz, necesita consumir cosas que le produzcan placer, que es precisamente la conducta que caracteriza el comportamiento infantil. Por tanto, implícitamente, nuestra sociedad facilita el mantenimiento de una escala de valores pueril en las personas adultas que no son capaces de cuestionar el modelo.

b) Naturalmente, ese contexto consumista y hedonista es un factor necesario, pero no suficiente para la creación del perfil, ya que, para convertirse en Peter Pan, la persona necesita que la obtención de ese placer no requiera un esfuerzo relevante.

c) Y en ese punto del proceso es donde entra en juego la responsabilidad del modelo educativo; porque solemos cometer el error de facilitar el consumo a los hijos sin educarlos en una cultura del esfuerzo que les permita relacionar adecuadamente los esfuerzos con las recompensas. Y sin esa asociación es difícil adquirir el modelo de comportamiento que caracteriza a las personas adultas que podemos considerar maduras.

Resumiendo el a, b, c, de lo que acabo de indicar, mi conclusión es que vivimos en una sociedad que fomenta el consumismo hedonista y que ese fácil acceso al placer crea las condiciones sociales a partir de las cuales puede desarrollarse el perfil de hombre Peter Pan. Después, el sujeto puede convertirse en tal en función de la educación que recibe a través de la familia, la escuela y el modelo social que las ampara que, en su condición de principales fuentes de transmisión de afectos y conocimientos, constituyen el segundo factor de riesgo en la gestación del perfil.

El sistema educacional permisivo como facilitador

Supongo que podríamos encontrar decenas de definiciones, igualmente válidas, de lo que significa educar, porque todas ellas están relacionadas con la transmisión de valores, el establecimiento de normas que faciliten la convivencia y la preparación de los niños y los jóvenes para afrontar adecuadamente las responsabilidades propias de la adultez. Así pues, para incluir todos esos aspectos, me voy a permitir crear mi propia definición operativa diciendo que la educación es «el conjunto de instrumentos y métodos que utiliza la sociedad para que los jóvenes aprendan a comportarse de acuerdo con las normas y valores de los adultos». Partiendo de esa definición, veamos ahora los medios con los que cuenta nuestro sistema social para conseguir su propósito. Y puesto que son muchos, amplios y potentes, los voy a resumir en los tres que considero más relevantes: la familia, la escuela y los medios de comunicación. Una vez concretados me voy a permitir reflexionar un poco sobre la función que realizan o, mejor dicho, sobre la función que yo creo que deberían realizar.

Se supone que la familia debería servirnos para sentirnos queridos y protegidos, la escuela para transmitir unos contenidos educativos que nos ayuden a desarrollar adecuadamente nuestras capacidades básicas y los medios de comunicación para difundir unos valores que faciliten la convivencia en sociedad. Y es en este punto donde cabe preguntarse si los distintos estamentos están cumpliendo adecuadamente su función. Mi opinión es que no, y que son precisamente esas carencias las que han favorecido la eclosión del hombre Peter Pan.

Pero como mi intención no es culpabilizar a nadie de lo ocurrido, sino intentar comprender las causas que nos han llevado a esta situación, les expondré mi propia conclusión al respecto para ver hasta qué punto puede coincidir con las suyas.

Evidentemente, toda realidad puede ser explicada desde muchas disciplinas y desde distintos puntos de partida, pero como es natural yo me voy a limitar a dar una visión psicosocial personal y, en consecuencia, voy a razonar el tema en mi condición de psicólogo humanista que vivió su juventud en la llamada generación *beat*, generación *hippy* o generación del 68; bautizadas así en honor a los tres principales fenómenos psicosociales que marcaron aquellos tiempos.

Aunque me gustaban los Beatles yo no fui *hippy* ni estuve en París en la Primavera del 68, pero según mi parecer, y aunque me considere personalmente poco concernido por las tendencias de la época, creo que lo que ocurrió en la década de los sesenta del pasado siglo tiene mucho que ver con la eclosión actual del fenómeno de los hombres Peter Pan y, por ello, voy a intentar razonar esa creencia.

En los años sesenta cumplía su mayoría de edad la primera generación nacida después del gran trauma de la Segunda Guerra Mundial y, para resumir lo que creo que ocurrió, la gente empezó a intentar superar sus secuelas movida por la ley del péndulo que, en este caso, generó tres cambios espectaculares: pelo largo, por oposición al pelo corto de los militares; haz el amor y no la guerra como protesta a la guerra del Vietnam —y a todas las anteriores—, y revuelta del Mayo Francés, por oposición al excesivo poder del Estado sobre las personas. En resumen, los jóvenes de entonces reclamaban más libertad, más sexo y menos guerras. Y esos comprensibles deseos fueron convirtiéndose poco a poco en realidades incorporadas al estilo de vida de la siguiente generación —la de los ochenta— que es cuando se empezaron a detectar los comportamientos Peter Pan descritos por Kiley.

Desde entonces han transcurrido otros veinte años y una nueva generación ha alcanzado la mayoría de edad, pero el síndrome, lejos de remitir, se cronifica y expande por todo el mundo. Lo que era una sintomatología puntual de un limitado grupo de jóvenes, educados en determinadas circunstancias, se ha convertido en un perfil normativo de la juventud actual por obra y gracia de la acción concertada de los tres pilares implicados en la educación: familia, escuela y medios de comunicación, que son los que han creado las condiciones que han posibilitado la aparición del hombre Peter Pan.

No me extenderé sobre esta cuestión porque mi pretensión no es realizar un estudio sociológico de lo ocurrido, sino ayudar psicológicamente a los hombres Peter Pan. Pero como es importante entender los factores psicosociales que han permitido su aparición, he preparado un pequeño cuadro sinóptico de los cambios que se han producido en nuestra sociedad, contrastando la Generación del 68 —a la que yo pertenecí— con la actual, a la que califico de Generación Internet, por ser esta innovación tecnológica la que más está influyendo en su comportamiento y, por tanto, la que le confiere señas de identidad.

Generación del 68 Jóvenes de la década de los sesenta	Generación Internet Jóvenes actuales
Familia	*Familia*
Modelo de convivencia predominante: 1. Nuclear (pareja e hijos) 2. Extensa (abuelos, pareja e hijos) 3. Monoparental-extensa 4. Monoparental-nuclear	Modelo de convivencia predominante: 1. Nuclear (pareja e hijos) 2. Monoparental-nuclear 3. Monoparental-extensa 4. Extensa (abuelos, pareja e hijos)
Figuras parentales: Madre: afecto, cuidados y dedicación Padre: afecto y autoridad Abuelos: función complementaria en ambos ámbitos	Figuras parentales: Padre y madre: funciones parecidas pero con menor dedicación y menos autoridad. Abuelos: cambio sustancial de función que ha dado lugar a la aparición de tres variantes: a) poca o nula dedicación a los nietos. b) función complementaria a la de los padres. c) función de sustitución de los padres en familias monoparentales o desestructuradas.
Escuela	*Escuela*
Modelo predominante: Separación por género.	Modelo predominante: Integración de ambos géneros.
Características: Exigente y disciplinada.	Características: Poco exigente y menos disciplinada.
Figura del profesor: Símbolo de conocimiento y autoridad. Complemento de la educación familiar.	Figura del profesor: Cuestionada en su autoridad. Su función educativa se ve dificultada por falta de apoyo familiar.

Generación del 68 Jóvenes de la década de los sesenta	Generación Internet Jóvenes actuales
Sociedad	*Sociedad*
Amigos: Seleccionados y/o supervisados por la familia.	Amigos: Seleccionados por el azar y/o con poca intervención familiar.
Referentes de identificación: Figuras parentales positivas y actores, cantantes y deportistas.	Referentes de identificación: Actores, cantantes, deportistas y personajes famosos creados por los medios de comunicación.
Medios de comunicación: Radio, prensa y televisión. Oferta limitada y mediatizada políticamente.	Medios de comunicación: Radio, prensa, televisión, internet y teléfono móvil. Oferta amplia y diversa que escapa a cualquier control.
Ámbitos de relación: Deporte, ocio, fiestas y guateques.	Ámbitos de relación: Deporte y ocio. Las fiestas y guateques se han sustituido por las macrodiscotecas y por el botellón.
Mundo virtual: No existía.	Mundo virtual: No sólo sirve de introducción y complemento al mundo real, sino que a veces lo sustituye. En este sentido los hombres Peter Pan encuentran en internet y en los juegos virtuales un refugio ideal para evadirse de la realidad.

Figura 1. Cuadro comparativo de cambios generacionales.

Como pueden ver, el modelo social en el que viven y se educan los jóvenes actuales presenta notables diferencias con respecto al de sus abuelos, y todo se ha orientado en una dirección idónea para crear las condiciones que han permitido la aparición de la generación Peter Pan: poca dedicación a sus necesidades afectivas, escasos estímulos educativos que les permitan madurar adecuadamente y grandes facilidades para que puedan crear un mundo virtual donde poder refugiarse. En esas circunstancias, convertirse en Peter Pan es una opción comprensible: si el sistema no los ayuda a disciplinarse y además les ofrece infinidad de medios para evadirse, la idea de mantenerse en la infancia debe de resultar seductora. Sobre todo teniendo en cuenta que uno de los alicientes tradicionales de anteriores generaciones como era el disfrute sexual, que entonces se asociaba a la edad adulta y al matrimonio, ha perdido parte de su valor porque se han liberalizado las costumbres y ahora ni los hombres ni las mujeres han de esperar a casarse para tener relaciones sexuales, sino que ambos géneros encuentran personas dispuestas a interactuar sexualmente sin mayor compromiso que el de satisfacerse recíprocamente. Pero lo que en principio es positivo para la igualdad de género, ha producido el paradójico efecto de generar una creciente inseguridad sexual en los hombres que, unida al protagonismo que las mujeres han alcanzado en todos los ámbitos, se ha convertido en la tercera de las causas que han provocado la aparición de la generación Peter Pan.

La liberación y promoción de la mujer como factor desencadenante

Para entender las razones por las cuales la liberación y la promoción de la mujer han incidido de forma determinante en la aparición de los hombres Peter Pan voy a desarrollar mis argumentos en dos ámbitos distintos pero complementarios, la suma de cuyos efectos ha producido el fenómeno que intento explicar.

El primer ámbito es el de la sexualidad y ahí cuadra perfectamente el concepto de liberación para describir lo que ha sucedido en los últimos cincuenta años con la sexualidad femenina. Y el segundo es el social en un sentido amplio, entendiendo por tal la suma del espectacular incremento de la presencia femenina en todas las facetas en las que se manifiesta la inteligencia, la cultura y el trabajo, donde la mujer ha adquirido un nivel de protagonismo igual o superior al del hombre; lo cual, siendo deseable para ellas y para la sociedad en su conjunto, no ha dejado de producir un cierto efecto negativo en la autoestima masculina que ha influido, de forma decisiva, en la gestación y desarrollo de la generación Peter Pan.

Después de esta introducción general voy a tratar de destacar los aspectos esenciales de cada argumento.

La liberación sexual de la mujer como factor propiciatorio de la proliferación de hombres Peter Pan

Afirmo en mi libro *Sexo sabio* que desde un punto de vista sexual el hombre es el sexo débil y la mujer el sexo fuerte. Y esa afirmación además de ser científicamente cierta, puesto que la mujer tiene más zonas erógenas y más potencial orgásmico que el hombre, se está convirtiendo en una de las razones por las cuales cada día hay más hombres que se sienten sexualmente inferiores a las mujeres cuando intentan interactuar con ellas. La constatación persistente de esa inferioridad sexual, reconocida por los propios hombres que la padecen, afecta a su autoestima y se convierte en el origen de una de las causas que ha provocado el incremento del porcentaje de hombres Peter Pan, según un lento proceso psico-sexual-social que intentaré explicar brevemente.

La cosa empezó en los años sesenta y setenta del pasado siglo cuando se generalizó la utilización de las píldoras anticonceptivas y las mujeres pudieron disociar el sexo de la procreación. Desde entonces hasta ahora, la actitud de ambos géneros ante la sexualidad ha cambiado sustancialmente y hemos pasado de un modelo de hombre que busca/mujer que acepta, a otro en el que mujeres y hombres se buscan, se aceptan y se rechazan de forma bidireccional. Por eso, por decirlo en clave antropológica, el hombre ya no es el cazador ni la mujer la presa, sino que ambos son animales domesticados por la cultura que se juntan y se separan según sus respectivas apetencias. Y es en el uso de esa libertad sexual donde el hombre empieza a sentirse el sexo débil y la mujer el sexo fuerte por razones empíricas evidentes que, para no alargarme, resumiré para ustedes en un pequeño cuadro comparativo de los respectivos potenciales sexuales.

POTENCIAL SEXUAL

Zonas erógenas específicas

(hombres)	(mujeres)
Pene	Monte de Venus
Testículos	Labios mayores
	Labios menores
	Clítoris
	Vagina

Zonas erógenas comunes

Con sensibilidad similar en ambos géneros:
Boca (especialmente labios y lengua) y perineo.

Normalmente más desarrolladas en la mujer:
Párpados, cabello, orejas, cuello, nuca, hombros, espalda, axilas, vientre, cintura, caderas, nalgas, ingles, muslos, corvas, pies, y especialmente el ano y los pechos.

POTENCIAL SEXUAL

Vías orgásmicas

Porcentaje de personas que alcanzan el orgasmo por esa vía:

Pene, 99 %	Clítoris, 99 %
Ano, 10 %	Vagina, 70 %
	Ano, 30 %
	Pechos, 2 %

Potencial orgásmico
(en cada relación sexual)

– Primer orgasmo.	– Uno o varios orgasmos.
– Período refractario.	– Sin período refractario.
– Posibilidad de un segundo orgasmo dependiendo de la edad, vigor sexual y fuentes de excitación.	– Posibilidad de seguir teniendo orgasmos en función de la edad, vigor sexual y fuentes de excitación.

Evolución por edad

Máxima potencia a los 20 años.

Máxima competencia a los 30 años en función de experiencias previas bien asimiladas.

A partir de los 40 años empieza a declinar la potencia. El problema se agudiza por hábitos tóxicos de tabaquismo y alcoholismo.

El proceso de maduración psicosexual es mucho más lento. Empieza a desarrollarse en la adolescencia y alcanza su plenitud a los 40 años si la estimulación es frecuente y adecuada.

Entre los 40 y 50 años alcanza su máxima capacidad de disfrute (durante esta etapa muchas mujeres adquieren capacidad multiorgásmica).

FIGURA 2. Cuadro comparativo del potencial sexual masculino y femenino.

Si analizamos mínimamente las diferencias del cuadro es fácil comprender cuál puede ser el efecto que ha producido en el macho humano la súbita constatación de que él —que llevaba persiguiendo a las hembras para copular con ellas a su antojo durante los quinientos mil años que ha durado el proceso de socialización—, se encuentra de pronto con un nuevo modelo de mujer que no es una pasiva receptora de las apetencias masculinas, sino que quiere ser satisfecha según su potencial.

En esas condiciones no es extraño que tantos hombres se hayan convertido en cazadores cazados que empiezan a tener miedo a la relación sexual, lo cual es, precisamente, una de las características básicas del hombre Peter Pan. Por tanto, y resumiendo los efectos que el cambio del modelo de relación ha tenido sobre el comportamiento sexual masculino, me atrevo a decir que cuanto más desarrolla y ejerce la mujer su madurez sexual, más le cuesta al hombre satisfacerla. Y con esta afirmación no estoy culpabilizando a la mujer del alto grado de inseguridad sexual que padecen los hombres en general, y los Peter Pan en particular, sino que la hago para que los jóvenes de ambos sexos tomen conciencia de lo que les está ocurriendo y se afanen en crear un modelo de relaciones sexuales más cooperativo y menos competitivo, capaz de facilitar su mutua satisfacción.

La promoción social de la mujer como factor desestabilizador de la seguridad sexista masculina

El modelo de relaciones de género tradicional hombre dominante/mujer subordinada, era injusto pero claro. El hombre mandaba y la mujer obedecía. Y ese esquema irracional, que no era más que un residuo cultural del modelo basado en la fuerza bruta con el que el hombre había sometido a la mujer desde el inicio del proceso de socialización, ha prevalecido hasta la década de los años sesenta del pasado siglo, cuando los principios democráticos occidentales empezaron a impregnar el modelo de relaciones de género, y la lógica de la razón de la fuerza empezó a ser sustituida por la lógica de la fuerza de la razón.

Desde entonces las cosas han cambiado mucho. Han cambiado tanto y de forma tan radical que, para expresarlo de forma concisa en clave de relaciones de género, hemos pasado del modelo hombre dominante/mujer subordinada, al modelo hombre desorientado/mujer autónoma, o por decirlo de forma más exacta: lo que ha ocurrido es que a medida que la mujer ha ido conquistando su autonomía económica y adquiriendo un protagonismo social equiparable al del hombre, éste ha ido perdiendo su situación de privilegio hasta llegar al actual estado de desorientación. Y defino su estado como «desorientación» no sólo porque es como yo lo veo, sino también por como ellos mismos lo describen cuando intentan explicar la falta de referentes fiables que afecta a todos los ámbitos de relación. Sexualmente el hombre ya no es un cazador porque sus «presas» no huyen ni se esconden como hacían antes, sino que, por el contrario, reivindican su satisfacción. Socialmente tampoco es dominante porque las mujeres se han equiparado en protagonismo y eficacia en todos los órdenes y en todas las facetas de la vida. Y ante esa doble realidad al hombre desorientado sólo le queda la opción de reflexionar y decidir entre tres opciones. La primera, intentar mantener sus privilegios amparándose en lo único que lo hace superior a la mujer, su fuerza muscular. La segunda, procurar aceptar la nueva realidad. Y la tercera, refugiarse en la infancia y convertirse en Peter Pan. El primer camino, por fortuna, cada vez lo eligen menos hombres porque es éticamente reprobable y sólo conduce a un conflicto permanente en las relaciones de género. El segundo, que es el más razonable, es el que desean la mayoría de los hombres, pero todavía no está suficientemente implantado ni definido porque se está creando mediante el sistema de ensayo-error. Por ello no es extraño que, ante tantas dificultades e indefiniciones, un gran número de esos jóvenes se inclinen, de forma más o menos consciente, por mantenerse en un limbo que debe estar cerca del País de Nunca Jamás, a juzgar por los rasgos que suele caracterizarlos.

Creo que de forma breve, pero suficientemente argumentada, acabo de resumir las tres razones psicosociales que han generado las condiciones que han favorecido la aparición de la generación de hombres Peter Pan. Por un lado, el modelo consumista de nuestra sociedad preconiza unos valores hedonistas y un fervor por lo juvenil que dificultan el acceso a la madurez. Por otro, la laxitud del modelo educativo hace que las personas no desarrollen la suficiente capacidad de resistencia a la frustración. Y, dentro de ese doble escenario, que desincentiva la cultura del esfuerzo y dificulta el proceso de maduración personal, los hombres deben añadir un cambio radical en el modelo de relaciones de género que la cultura sexista les había legado. En esas circunstancias no es extraño que se hayan creado las condiciones adecuadas para el nacimiento y desarrollo de esa generación de hombres que, ante la dificultad que implica aceptar la responsabilidad de ser adultos, prefieren quedarse en un estado de infantilismo psicológico que les exonere de la pesada carga de asumir deberes.

El problema es que, aunque las razones apuntadas hagan comprensible la aparición del perfil de hombres Peter Pan, su proliferación no es buena ni para los hombres ni para las mujeres ni para la sociedad. Para los hombres porque no sólo dificultan su capacidad de relación con el otro sexo, sino porque también afecta a su seguridad en la ejecución de cualquier tarea que implique compromiso. Para las mujeres porque cada vez les resulta más difícil encontrar hombres adecuados puesto que, como su modelo de enamoramiento es admirativo, les cuesta mucho encontrar hombres capaces de despertar su interés. Y para la sociedad porque los hombres Peter Pan no sólo tienen miedo al compromiso emocional, sino que también adolecen de la suficiente fuerza de voluntad para actuar responsablemente en las demás facetas de la vida, lo cual dificulta la realización de cualquier tarea o proyecto colectivo que precise esfuerzo y perseverancia.

De acuerdo con lo que acabo de decir y para paliar, en lo posible, los efectos negativos que sobre sí mismos, sobre las mujeres y sobre el conjunto de la sociedad ejercen los hombres Peter Pan, lo que nos conviene es que tomen conciencia de su situación y asuman el reto de su evolución. Pero como la sociedad en la que deben llevar a cabo su proceso de maduración es la misma que les ha creado el problema, no nos queda más remedio que intervenir, a la vez, a nivel social y personal para intentar resolverlo. Y como en relación al cambio social ya he hecho mis propuestas en *Recetas para mejorar el mundo*, creo que ahora lo pertinente es abrir caminos para que tengan la oportunidad de encontrar, en su interior, la fuerza que pueda permitirles crecer lo suficiente como para convertirse en hombres adultos y responsables.

Vamos a analizar, por tanto, la trayectoria que han seguido los niños que se han convertido en hombres Peter Pan para ver si, de esa manera, podemos ayudarlos a que cambien de rumbo.

3

El perfil del hombre Peter Pan

> Conócete a ti mismo y podrás corregirte.
>
> Sócrates

Supongo que habrán notado que hasta ahora, para describir al hombre Peter Pan, he utilizado conceptos como carácter, comportamiento, rasgo o perfil, pero no he incluido la noción de personalidad. Naturalmente la omisión ha sido intencionada porque, según mi parecer, los rasgos del hombre Peter Pan no pueden considerarse propiamente una personalidad; es decir, lo que entendemos por el conjunto de características psicológicas que singularizan a un sujeto, sino que los rasgos del hombre Peter Pan son una propiedad del carácter, que es algo mucho más asequible al cambio y, por suerte, más fácilmente modificable a través de la acción voluntaria del individuo.

Por consiguiente, lo primero que conviene dejar claro es que, precisamente por ser un perfil nuevo en la historia de la psicosociología y que aparece temprano en la vida del individuo, puede ser modificado de manera notoria, o por decirlo de forma más precisa y en clave terapéutica, es susceptible de poder evolucionar hacia la madurez con buen pronóstico. Apoyo esta afirmación en la evidencia clínica que me ha permitido comprobar como cientos de personas con el perfil de Peter Pan, que volaban desorientadas sin tener claro si querían dirigirse a la isla de los piratas o si preferían convertirse en los piratas de la isla, han conseguido crecer y orientarse hacia un futuro constructivo y deseable. Por eso considero que todo joven Peter Pan tiene la opción de elegir entre dos caminos: uno conduce al País del Presente y el Ahora, donde se encuentra la madurez, y el otro lleva hacia el País de Nunca Jamás, donde corre el riesgo de ser, para siempre, un niño perdido que puede acabar convertido en un pirata resentido.

El personaje de ficción tuvo su oportunidad cuando Wendy le propuso volver con ella al mundo real. Y naturalmente en el transcurso de nuestra vida todos tenemos también numerosas oportunidades para decidir si queremos avanzar, retroceder o cambiar de rumbo; porque al contrario de lo que le ocurrió a Peter Pan, nuestra historia no está escrita por Barrie, sino que la escribimos nosotros, cada mañana, cuando decidimos seguir el camino del día anterior o nos planteamos reorientar nuestros pasos hacia una nueva dirección.

La historia de Peter Pan ya sabemos cómo termina, pero el desenlace de la nuestra no está escrito, y espero que consideren una suerte que nadie pueda escribirlo por nosotros, porque eso significa que hemos decidido convertirnos en dueños de nuestro destino. Si es así los invito a que recorramos juntos ciertos pasajes de la obra que los ayudarán a descubrir hasta qué punto algunos de los rasgos del hombre Peter Pan están presentes en ustedes.

El referente literario

Evidentemente un personaje no es una persona ni podemos pretender encontrar en él coherencia en sus motivaciones, o las razones objetivas que determinan el comportamiento de los individuos reales. Sin embargo, como la identificación entre el comportamiento del Peter Pan de ficción ha hecho fortuna, como modelo explicativo, para definir un determinado tipo de comportamiento propio del hombre adulto inmaduro, creo que puede resultar ilustrativo recordar los pasajes del libreto de Barrie* donde quedan claramente reflejados los aspectos claves del perfil que pretendo definir.

Acto I: el cuarto de los niños

Cuando Wendy le pregunta a Peter cuántos años tiene, se produce el siguiente diálogo:

> PETER (*alegremente*): No lo sé, pero soy muy joven, Wendy. Me escapé el día en que nací.
> WENDY: ¿Que te escapaste? ¿Por qué?
> PETER: Porque oí lo que papá y mamá decían que sería cuando me hiciese hombre. Quiero ser siempre un niño y pasármelo bien. Así que me escapé de los jardines de Kensington y viví mucho tiempo entre las hadas.

Y cuando le pregunta dónde vive, el diálogo que mantienen Peter y Wendy nos da todas las claves para entender por qué el País de Nunca Jamás sólo está habitado por niños:

> WENDY: ¿Dónde vives ahora?
> PETER: Con los niños perdidos.
> WENDY: ¿Quiénes son?
> PETER: Son los niños que se caen de sus cochecitos cuando la niñera se despista. Si nadie los reclama en siete días, son enviados lejos, al País de Nunca Jamás. Yo soy su capitán.

---

* James M. Barrie, *Peter Pan. El niño que no quería crecer* (Siruela, 1999, 2005).

WENDY: Tiene que ser divertidísimo.
PETER (*astutamente*): Sí, pero estamos un poco solos. Verás, Wendy, no tenemos compañía femenina.
WENDY: ¿No hay ninguna niña?
PETER: Ay, no. Verás, las niñas son demasiado listas para caerse de sus cochecitos.

Si hace un siglo Peter Pan ya atribuía la soledad de los niños perdidos a la inteligencia femenina, no es difícil suponer cómo deben sentirse los Peter Pan actuales cuando ven que el cambio que han protagonizado las mujeres los ha dejado sin Wendys a las que puedan convencer para que se conviertan en solícitas madres cuidadoras. Por eso se encuentran completamente desorientados e intentan refugiarse en un mundo de fantasía, como el que Barrie creó para su personaje, poblado de indios, sirenas y piratas, en el que los niños perdidos pretenden incorporar una madre Wendy que les cuide a todos.

Acto II: el País de Nunca Jamás

WENDY (*con elegancia*): ¿Dónde estoy?
POQUITO: Doña Wendy, hemos construido esta casa para usted.
PLUMÍFERO Y LELO: Ay, diga que está contenta.
WENDY (*acariciando aquella preciosidad de casita*): ¡Una casa hermosa y encantadora!
PRIMER GEMELO: Y nosotros somos sus niños.
WENDY (*simulando sorpresa*): ¿Sí?
TODOS (*arrodillándose con los brazos extendidos*): ¡Doña Wendy, sea nuestra madre! (*Ahora que saben que es fingido la aclaman con ganas.*)
WENDY (*para no parecer demasiado condescendiente*): ¿Debo? Desde luego que es tremendamente fascinante. Pero, ya lo veis, no soy más que una niña. Me falta experiencia.

Todos: Eso da igual. Lo que necesitamos es alguien que sea dulce y maternal.
Wendy: Ay, creo que eso es justamente lo que soy.
Todos: Sí, sí, nos dimos cuenta enseguida.
Wendy: Muy bien, pues entonces lo haré lo mejor que pueda.

El problema es que, incluso encontrando una mujer-madre que decida cuidarlos, tanto en el País de Nunca Jamás como en el País del Presente y el Ahora existen peligros que deben ser afrontados, entre los que nunca faltan los piratas. Aunque se me ocurre pensar que quizá los piratas del mundo real y los de la fantasía no son más que niños perdidos neurotizados, con las mismas necesidades insatisfechas que los niños Peter Pan. Al menos es lo que puede deducirse de la siguiente conversación entre uno de los piratas y su capitán:

Acto III: la laguna de las sirenas

Smee (*que no se distingue por tener ideas*): Capitán, ¿qué le parece si raptamos a la madre de esos chicos y la convertimos en nuestra madre?
Garfio: ¡Callos y juanetes!, es un plan genial. ¡Capturaremos a los niños, les haremos desfilar por la tabla y Wendy será nuestra madre!
Wendy: ¡Jamás!

Como puede desprenderse de sus intenciones, la expectativa de Garfio y sus piratas es la misma que la de Peter Pan y sus niños: ser cuidados por Wendy. Aunque, naturalmente, los medios que quieren emplear para ello son menos pueriles y más crueles, como corresponde a su condición de auténticos piratas. Por eso me permito aventurar la hipótesis de que, en el fondo, el Garfio de Barrie y los Garfios actuales, no son más que niños perdidos que han elegido un mal camino para redimirse porque no han tenido la gracia que tenía Peter Pan para enamorar a las mujeres. Aunque conviene no olvidar que el hombre Peter Pan es mejor seductor que compañero de viaje porque sabe ilusionar, pero luego decepciona a las mujeres que enamora, como pudieron comprobar Wendy y Campanilla.

Acto IV: la casa subterránea

> Wendy (*sabedora de que no debe escudriñar, pero llevada a hacerlo por un impulso interior*): Exactamente, ¿cuáles son tus sentimientos hacia mí, Peter?
> Peter (*como un alumno aplicado*): Los de un buen hijo, Wendy.
> Wendy (*mirando hacia otro lado*): Me lo imaginaba.
> Peter: Qué rara eres. Tigridia es igualita que tú; quiere ser para mí esto o lo otro, pero dice que no es mi madre.
> Wendy (*impetuosamente*): No, claro que no lo es.
> Peter: Pues ¿qué es entonces?
> Wendy: Eso una dama no lo puede decir.
> *La cortina de la alcoba del hada se abre ligeramente, y Campanilla, que sin duda ha estado escuchando a hurtadillas, tintinea una risa burlona.*
> Peter (*atormentado*): Supongo que quiere decir que le gustaría ser mi madre.
> *El comentario de Campanilla es «Tonto de capirote».*
> Wendy (*que ha aprendido algunas palabras del lenguaje de las hadas*): ¡Me siento casi de acuerdo con ella!

Cuando Wendy comprueba que Peter Pan no es capaz de detectar sus sentimientos ni reconocer los de ella, decide regresar con sus hermanos al mundo real y entonces descubrimos el gran drama de Peter Pan:

Sigue acto IV

WENDY: Fijaos, queridos hermanos, (*señalando hacia lo alto*). Ahí está la ventana abierta.
Y así fueron volando hasta sus cariñosos padres, sin que haya pluma capaz de describir la escena sobre la que corremos un velo. Su triunfo lo estropea un gruñido de Peter, y Wendy corre a su lado.
WENDY: ¿Qué te pasa? (*pensando que está enfermo y mirándolo por debajo del pecho*). ¿Dónde te duele?
PETER: No es esa clase de dolor. Wendy, te equivocas en lo de las madres. Yo pensaba lo mismo que tú sobre la ventana, así que estuve fuera durante lunas y más lunas, hasta que por fin regresé; pero la ventana estaba atrancada, porque mi madre se había olvidado completamente de mí y había otro niñito durmiendo en mi cama.

El hombre Peter Pan es un niño herido desde la infancia. Se siente abandonado y no lo acepta. Se refugia en su mundo de fantasía porque es incapaz de afrontar el dolor que le produce no sentirse querido por sus padres; por eso busca ser querido, en clave infantil, sin ser capaz de comportarse de la manera adecuada para ser amado como adulto. Renuncia a viajar con Wendy al mundo real porque, según dice, lo único que desea es ser un niño y pasárselo bien, aunque, a la vez, es capaz de arriesgar su vida para rescatar a Wendy, a sus hermanos y a los niños perdidos de las garras del Capitán Garfio. Porque una cosa es arriesgar la vida en una aventura y otra muy distinta aceptar una vida sin aventuras, que es lo que hacen la mayoría de los adultos.

Peter es bueno y arriesgado, pero es, al mismo tiempo, inmaduro; por eso es capaz de hacer grandes gestas siempre que eso no implique el compromiso de asumir las consecuencias.

Acto V, escena 1: el barco pirata

Garfio: ¡Me estoy batiendo con un demonio! Pan, ¿quién y qué eres?
Los niños esperan con ansia la respuesta, aunque no con tanta ansia como Wendy.
Peter (*a la ventura*): Soy la juventud, soy la alegría, soy un pajarito que acaba de romper el cascarón.
Garfio: ¡En guardia de nuevo!
En ese instante lo asalta el oscuro presentimiento de que ese muchacho es el arma que le va a borrar de la lista de los vivos.

Supongo que todos recuerdan el final de la pelea. Peter vence a Garfio y éste acaba en las fauces del cocodrilo que tiempo atrás se había comido su brazo y ahora termina por devorarlo del todo. De esa manera quedan liberados los niños y gracias a la insistencia de Wendy deciden regresar al hogar. Ése es el momento crucial del futuro destino de Peter Pan, porque Wendy lo invita a que los acompañe y a que se quede con ellos en el hogar familiar.

Acto V, escena 2: el cuarto de los niños y las copas de los árboles

Wendy (*haciendo un último intento*): ¿No crees que te gustaría decirle algo a mis padres, Peter, acerca de un asunto muy tierno?
Peter: No, Wendy.
Wendy: ¿Acerca de mí, Peter?
Peter: No.
Saca su flauta, y ella sabe bien que eso es una muy mala señal. Suplica con las manos a la señora Darling, que probablemente esté pensando que hará falta atar a estos niños a la cama durante la noche.

SEÑORA DARLING (*desde la ventana*): Peter, ¿dónde estás? Déjame adoptarte a ti también.
Está en la edad más espléndida de la mujer, pero es demasiado mayor para ver a Peter con claridad.
PETER: ¿Me mandaría al colegio?
SEÑORA DARLING (*obsequiosa*): Sí.
PETER: ¿Y luego a trabajar en una oficina?
SEÑORA DARLING: Supongo que sí.
PETER: ¿Me haría hombre pronto?
SEÑORA DARLING: Muy pronto.
PETER (*apasionadamente*): No quiero ir al colegio y aprender cosas serias. Nadie me atrapará, señora mía, y hará de mí un hombre. Quiero ser siempre un niño y divertirme.

Por eso Peter Pan no puede crecer, porque él mismo decide no hacerlo y la verdad es que conociendo su historia se entienden las razones que le indujeron a refugiarse en el País de Nunca Jamás.

Naturalmente los diálogos que acabo de reproducir no los he seleccionado al azar, y cada uno de ellos encierra una información relevante sobre las motivaciones del comportamiento de los hombres Peter Pan que voy a tratar de sintetizar siguiendo el hilo argumental:

1. Peter Pan huye del hogar familiar porque de esa manera evita crecer y afrontar las responsabilidades propias de la edad adulta.
2. Como Peter Pan necesita que lo quieran desea que Wendy lo cuide, pero no quiere asumir el compromiso que supone la relación.
3. El Capitán Garfio y los piratas son unos niños grandes neurotizados que también necesitan ser queridos, pero

su forma inadecuada de buscar el amor impide que lo encuentren.
4. Como Peter Pan está acostumbrado a evadirse de los compromisos no está en condiciones de reconocer lo que Wendy siente por él.
5. Peter rechaza volver con Wendy al mundo real porque prefiere seguir con sus juegos antes que asumir responsabilidades adultas y porque, en el fondo, no quiere arriesgarse a ser abandonado nuevamente.

Bien, creo que en estos cinco puntos que resumen la historia de los niños y los piratas que habitan en el País de Nunca Jamás, podemos encontrar las razones por las cuales el perfil del personaje de Peter Pan reúne las condiciones óptimas para ser tomado como paradigma para describir el comportamiento de los hombres inmaduros contemporáneos. El problema es que estos hombres son como Peter Pan, pero no son Peter Pan y, por tanto, no pueden refugiarse en un país imaginario donde permanecer siempre en la infancia, sino que con el tiempo, y aunque no quieran crecer, no pueden evitar envejecer. Por eso hay tantos hombres que tienen un comportamiento que ya no les corresponde y aparentan una edad que ya no tienen.

Si usted se siente concernido por los comentarios que acabo de realizar o se identifica con alguno de los comportamientos de Peter Pan descritos en los diálogos, creo que tiene indicios suficientes para seguir profundizando en su autoconocimiento. Con esa intención voy a proponerle un segundo ejercicio de introspección que lo ayudará a detectar las actitudes más características del hombre Peter Pan y podrá descubrir hasta qué punto están presentes en su comportamiento.

Autoevaluación para el hombre Peter Pan

Si es usted un hombre entre veinte y cuarenta años, tiene ciertas dificultades para relacionarse constructivamente con las mujeres y ha nacido dentro del modelo de vida occidental, sepa que se dan las condiciones suficientes para que se pregunte hasta qué punto los rasgos del perfil Peter Pan están presentes en su comportamiento. Si desea averiguarlo no tiene más que rellenar el sencillo cuestionario que le he preparado y usted mismo podrá interpretar los resultados.

Cuestionario Peter Pan

Conteste SÍ o NO a las siguientes preguntas, de forma que la respuesta recoja su actitud o comportamiento más habitual en la situación descrita:

	SÍ	NO
1. Recibe quejas frecuentes de su entorno porque le consideran excesivamente inmaduro o egoísta.	☐	☐
2. Tiene tendencia a aparentar cosas que no es, o a exagerar sus méritos para captar el interés de las mujeres.	☐	☐
3. Necesita sentirse querido pero se cansa fácilmente de las personas con las que mantiene relaciones amorosas.	☐	☐
4. En las reuniones sociales le gusta flirtear aunque eso pueda incomodar a su pareja.	☐	☐
5. Se pone de mal humor cuando no puede satisfacer inmediatamente sus necesidades.	☐	☐
6. Considera que debe ser el centro de atención en las situaciones públicas en las que participa.	☐	☐

7. Cree que su seguridad depende mucho, o bastante, de la aceptación que recibe de los demás. ☐☐
8. Tiene tendencia a culpabilizar a los demás de sus problemas en lugar de hacer algo para resolverlos. ☐☐
9. Cuando tiene un conflicto entre lo que le gustaría hacer y lo que considera que debe hacer se inclina con frecuencia por lo primero. ☐☐
10. Le resulta fácil incumplir los compromisos que usted mismo ha decidido aceptar. ☐☐

Valoración del resultado:

Cada SÍ es un punto y la suma de la puntuación obtenida debe ser interpretada según el siguiente cuadro:

Puntuación obtenida	Interpretación del resultado
10	Difícilmente puede alcanzar esta puntuación porque indicaría una capacidad de asumir su inmadurez que Peter Pan no suele tener.
9	Si es usted joven tiene un perfil característico de Peter Pan. Si está en la frontera de los 40 años su inmadurez puede cronificarse y neurotizarlo. Le conviene reaccionar inmediatamente para evitar ese peligro.
8-7	Tiene usted comportamientos propios de Peter Pan, pero el hecho de reconocerse en ellos le va a permitir reaccionar. Su pronóstico es tanto mejor cuanto más joven sea.

Puntuación obtenida	Interpretación del resultado
6-5	Si usted está cerca de los 20 años la puntuación indica una inmadurez normal. Si está cerca de los 40 significa que no está madurando de forma adecuada.
4-3	Si está cerca de los 20 años tiene un nivel de madurez superior a la media de su edad, lo cual supone que está asumiendo adecuadamente las responsabilidades propias de la edad adulta. Si está cerca de los 40 años evidencia que ha sido capaz de aprender de sus errores y de ir madurando gracias a ellos.
2-1	Esta puntuación es característica de las personas adultas que han sabido madurar con el tiempo. Suelen ser personas seguras y autorrealizadas.
0	Difícilmente puede obtener esta puntuación. Por tanto o es usted una persona óptimamente madura o tiene un problema semejante al de la persona que obtiene la máxima puntuación, porque significa que está negando su inmadurez.

Lógicamente el ejercicio que acabo de proponerle no tiene por objeto adjudicarle la etiqueta de Peter Pan ni exonerarlo de su condición, sino favorecer su propia reflexión para determinar hasta qué punto reúne rasgos del perfil. Por ello le sugiero que para optimizar la utilidad de la autoevaluación le pida a su pareja, o a una persona próxima que le conozca bien, que cumplimente también el cuestionario expresando la opinión que tiene sobre usted. Después analicen juntos el resultado e intercambien sus puntos de vista sobre las respuestas no coincidentes. De esta manera obtendrá una información valiosísima para profundizar en su autoconocimiento.

Puede resultar útil repetir el ejercicio con varias personas cuyo criterio considere fiable, pero le aconsejo que no lo convierta en un juego recurrente al servicio de su narcisismo, ni de su necesidad de búsqueda de aprobación, porque entonces, en lugar de ayudarlo a descubrir su grado de madurez, se convierte en un estímulo egocéntrico que produce un efecto contrario al deseado. Lo ideal, para hacer una buena autoevaluación, es contestar el cuestionario con toda la sinceridad que su madurez le permita y solicitar que hagan lo mismo dos o tres personas que puedan opinar sobre usted con fundamento. Después, reflexione sobre los resultados y la autoevaluación le indicará hasta qué punto su comportamiento está impregnado del perfil de Peter Pan. Si considera que el resultado es significativo y decide profundizar en su autoconocimiento, voy a facilitarle otros datos relevantes que le resultarán útiles para seguir avanzando en su investigación de una forma más concreta y personalizada.

Rasgos básicos del perfil

Creo que con la información aportada hasta el momento sobre el referente literario del perfil, más las conclusiones que habrá sacado del ejercicio de autoevaluación, ya estamos en condiciones de dibujar un retrato robot del hombre Peter Pan que pueda servirle de guía para averiguar hasta qué punto se siente reflejado en la tipología.

En todo hombre Peter Pan he podido detectar dos constantes que se repiten sin excepción: déficit afectivo e inseguridad. Esos son los dos requisitos básicos del perfil, aunque evidentemente eso no quiere decir que todos los hombres que reúnan esas condiciones deban considerarse, forzosamente, hombres Peter Pan, puesto que esos rasgos son comunes a todas las personas que no se han sentido queridas. Por ello, la característica distintiva del perfil no reside en sus carencias sino en su forma de reaccionar ante ellas. Por decirlo más claro: uno no se convierte en Peter Pan como consecuencia de sus inseguridades y déficits infantiles, sino porque en lugar de afrontar esa situación decide volar hacia el País de Nunca Jamás.

Para hacer comprensibles las razones por las que unos niños pueden convertirse en hombres Peter Pan, mientras otros, que parten de situaciones semejantes, se orientan hacia la madurez, voy a utilizar un modelo explicativo, de inspiración psicoevolutiva, que partiendo de la infancia permite entender la evolución posterior.

De acuerdo con el estudio pormenorizado de las biografías de los hombres Peter Pan que han solicitado mi ayuda para resolver sus problemas, he podido observar que todos presentan, en mayor o menor medida, los siguientes rasgos en su biografía infantil:

- Déficit afectivo.
- Déficit escolar.
- Educación permisiva.

Veamos qué significan, y qué importancia tienen, cada uno de estos elementos en la etiología del perfil del adulto Peter Pan.

Déficit afectivo

Por decirlo de forma clara y breve, el déficit afectivo se produce cuando el niño recibe menos afecto y dedicación familiar del que necesita para sentirse querido. También puede producirse como consecuencia de agravios comparativos con hermanos, u otros niños que formen parte de su círculo íntimo, en relación a los cuales pueda sentirse inferior o tratado de forma discriminatoria.

Déficit escolar

Entendiendo por tal la percepción que tiene el niño de que su rendimiento y aprovechamiento escolar no le está permitiendo ganar seguridad ni sentirse competente.

Cuando no aprende lo suficiente, por falta de capacidad, esfuerzo o apoyo adecuado y empieza a tener dificultades para ir asimilando los contenidos de los distintos cursos, es cuando aparece el sentimiento de déficit escolar. Entonces el niño asocia la escuela con un lugar donde el esfuerzo es más grande que la recompensa y donde en vez de sentirse seguro y valorado se siente inseguro y agraviado. Cuando esa evidencia se consolida su rendimiento disminuye todavía más y el niño desarrolla un sentimiento de desconfianza con respecto a sus valores y capacidades que suele compensar con fantasías de valoración positiva y conductas escapistas. Lo más habitual es que se expresen en forma de mentiras de autoafirmación, fabulaciones construidas sobre realidades adornadas y un refugio excesivo en el juego.

Por desgracia el déficit afectivo y el escolar tienden a retroalimentarse, puesto que los problemas afectivos suelen influir negativamente en el rendimiento escolar y viceversa. Es natural que quien no recibe un refuerzo positivo en la escuela, necesite todavía más la atención de los padres, pero éstos no siempre están en condiciones de prestarla o la hacen depender de la mejora del rendimiento escolar. Esta diferencia entre lo que necesita el niño y lo que los padres están en condiciones de dar, deteriora la percepción que el niño tiene de sí mismo y lo impulsa a rechazar la realidad y a refugiarse en la fantasía, sobre todo teniendo en cuenta que la educación permisiva también le facilita ese camino.

Educación permisiva

Seguramente el concepto es un tanto ambiguo y generalista, pero creo que es el más adecuado para expresar lo que quiero decir cuando me refiero al exceso de protección y falta de límites en que se educa a los niños en nuestra sociedad.

Creo que la protección es buena y necesaria, pero su exceso es contraproducente cuando va acompañada de una falta de normas claras que le hagan entender al niño lo que le está permitido hacer. Cuando no relaciona esfuerzo con recompensa y no recibe información suficiente para distinguir lo correcto de lo incorrecto, está siendo educado permisivamente, lo cual es malo para él, para su familia y para el conjunto de la sociedad.

En el capítulo anterior ya he mencionado la importancia de la educación permisiva como elemento propiciador de la generación Peter Pan, pero a nivel biográfico es necesario insistir, todavía más, en que la falta de relación entre esfuerzo y recompensa es un factor fundamental en la creación de las condiciones en las que se desarrolla el perfil del hombre Peter Pan, porque cuando una persona no ha aprendido en la infancia que el valor de las cosas que consigue debe ser proporcional al esfuerzo que realiza para obtenerlas, es fácil que llegue a la conclusión de que el mejor modo de realizar sus deseos es seguir comportándose como un niño.

Por tanto y resumiendo, cuando un niño no recibe el afecto suficiente para sentirse querido, tiene algún agravio comparativo que le permite sentirse inferior, no aprende a relacionar esfuerzo con recompensa, ni tiene un límite claro de lo que le está permitido hacer, reúne todas las condiciones necesarias para quedarse en la infancia porque no se le está preparando para ser adulto. Por ello, otro de los referentes útiles para detectar el grado de comportamiento Peter Pan de un hombre reside en averiguar si su comportamiento se corresponde con el que se considera adecuado para su edad cronológica. Para que se entienda mejor lo que quiero decir, voy a señalar diez rasgos básicos del comportamiento infantil que deben atenuarse o desaparecer, en la edad adulta, si el individuo madura adecuadamente:

1. Facilidad para establecer e interrumpir relaciones.
2. Dificultad para disciplinarse.
3. Predominio del juego y la evasión.
4. Conductas imprudentes y arriesgadas.
5. Dificultad para asumir responsabilidades.
6. Comportamiento egocéntrico.
7. Demanda constante de afecto y protección.
8. Búsqueda de aprobación.
9. Mentiras de afirmación y ocultación.
10. Búsqueda de modelos de identificación.

Todos estos comportamientos son habituales en la infancia cuando el niño es un proyecto de hombre regido por el principio de placer, pero deben moderarse, en la adultez, a medida que el individuo es capaz de incorporar el principio de realidad que le permite aceptar que ser adulto significa depender menos de los demás y ganar más autonomía personal. Por eso, en cierto sentido, podríamos definir a Peter Pan como un sujeto con aspecto de hombre y necesidades de niño, que por no haber querido crecer no ha aprendido a madurar y que, por tanto, sigue teniendo similares necesidades que cuando era pequeño; más una nueva que emerge en la juventud como consecuencia de la acumulación de las anteriores: su dificultad de relacionarse con las mujeres, puesto que para ello necesitaría, precisamente, todo lo que no ha sabido desarrollar.

Creo que después de explicar los déficits infantiles y los comportamientos que debería haber dejado de tener, ya estamos en condiciones de establecer los cinco rasgos básicos del perfil del hombre Peter Pan:

1. Mantiene un alto grado de necesidad afectiva.
2. Posee un exceso de egocentrismo y narcisismo.
3. Tiene escasa resistencia a la frustración.
4. Desarrolla poco la capacidad de autocrítica.
5. Presenta dificultades para aceptar relaciones simétricas con el otro sexo.

Cada uno de estos rasgos genera unas necesidades básicas correlacionadas que dan lugar a la problemática que caracteriza su comportamiento:

- Como necesita sentirse muy querido busca afanosamente el amor sin pararse a pensar si se enamora de la persona adecuada o si la relación es viable.

- Como es egocéntrico y narcisista necesita sentirse protagonista aunque ello pueda implicar herir o desatender a sus seres queridos.

- Como tiene poca resistencia a la frustración precisa evadirse de la realidad, lo cual puede conducirle a refugiarse en paraísos artificiales.

- Como se critica poco, tiende a criticar a los demás y desplaza en ellos sus propias culpas y responsabilidades.

- Como no acepta relaciones simétricas tiende a adoptar actitudes narcisistas y a establecer con sus parejas relaciones de ventaja y poco compromiso.

En definitiva, el hombre Peter Pan es una compleja mezcla de necesidades contrapuestas. Mientras por un lado necesita sentirse querido y admirado, por otro tiene dificultades para mantener relaciones estables porque eso significaría actuar con un nivel de responsabilidad y capacidad de autocrítica que no ha desarrollado. Ése es en síntesis el gran problema del hombre Peter Pan: es un adulto que renuncia a crecer para satisfacer sus necesidades de niño, sin caer en la cuenta de que los adultos también pueden disfrutar placeres y vivir aventuras. La diferencia es que éstos saben que eso no puede conseguirse de forma gratuita porque, en el mundo de los adultos, las cosas no se consiguen sin esfuerzo ni el amor es incondicional; por eso hay tantos hombres que prefieren mantenerse en la infancia.

4

El niño que no quiere crecer

> El hombre es un niño: su poder es el poder de crecer.
>
> RABINDRANATH TAGORE

Aunque en el referente literario del perfil he asociado el origen del problema de Peter Pan a la ventana de una habitación que nunca más se abrió, y en cuyo interior otro niño ocupaba su lugar, las circunstancias reales en las que se desarrolla actualmente el clima familiar que facilita la proliferación de hombres Peter Pan son mucho más complejas.

Quizá el personaje tenía razones de peso para no sentirse querido y para refugiarse en el País de Nunca Jamás, porque en aquella época las normas educativas eran rígidas y el afecto paternofilial poco expresivo. En la actualidad el panorama es muy distinto y, a simple vista, puede parecer menos comprensible que los niños quieran refugiarse en un país de fantasía, puesto que el real resulta fantástico para muchos. Pero como el exceso es tan malo como el defecto, he comentado en el capítulo anterior, que una de las principales causas de la eclosión del fenómeno de los hombres Peter Pan se encuentra en el peculiar esquema de relación que caracteriza a la familia contemporánea.

Naturalmente ni todas las familias son iguales ni todos los niños viven de la misma manera situaciones semejantes, por tanto no me gustaría que los argumentos que voy a exponer pudieran tomarse como una crítica a la capacidad educativa de los padres, porque mi pretensión no es buscar culpables sino ayudar a resolver conflictos. De entrada, parto de la base de que la inmensa mayoría de las familias intentan educar a sus hijos tan bien como saben y lo mejor que las circunstancias les permiten; por ello, lo más habitual es que el problema no esté en la intención educativa sino en la coyuntura en la que se desarrolla la educación, que es la que crea las condiciones que propician la aparición de hombres Peter Pan.

Para resumir lo que quiero resaltar, voy a tratar de exponer las condiciones laborales, familiares y culturales en las que se educan los niños actuales.

1. La mayoría de ellos viven en familias que dedican una parte importante de su tiempo al trabajo, esto hace que muchos de esos niños estén con sus padres menos tiempo del que necesitan para su adecuado desarrollo emocional.
2. Muchas de esas familias son nucleares o monoparentales, lo cual dificulta que los abuelos u otras figuras parentales puedan contribuir a reforzar el calor familiar.
3. La laxitud de las normas familiares y escolares hace que los niños no desarrollen suficientemente la capacidad de autodisciplina que se requiere para afrontar con éxito la edad adulta.
4. Gran parte de esos niños tienen a su disposición una amplia oferta de medios audiovisuales que les permite enajenarse de la realidad y crearse un mundo virtual a su medida.

Sintetizando los cuatro puntos, resulta que los niños tienen menos afecto y educación de la que necesitan, y más refugio en la fantasía del que les conviene. En esas condiciones lo extraño sería que llegaran a ser adultos con la suficiente preparación para comportarse como tales. Por tanto, existe una lógica psicosocial que hace comprensible el fenómeno de la aparición de los hombres Peter Pan, aunque comprenderlo no supone que debamos aceptarlo como algo irreversible, porque por fortuna, no todos los niños que viven la infancia en las condiciones descritas desarrollan el perfil. Para ser un hombre Peter Pan, además de esos condicionantes sociales, hacen falta determinados requisitos intrafamiliares relacionados con la dinámica de la pareja, el número de hijos que componen la familia y el tipo de relación que se establece entre ellos. Esos aspectos son los que permiten que los niños deseen evolucionar hacia la madurez o prefieran mantenerse en la infancia.

No es lo mismo tener padres maduros que tenerlos neuróticos, no es lo mismo ser hijo único que tener diez hermanos, ni es lo mismo ser el más guapo, el más feo, el más listo o el más tonto de ellos. Por consiguiente, no pretendo abordar la infinidad de variantes posibles de las distintas dinámicas familiares en las que puede desarrollarse la vida de un niño, pero como está claro que esas dinámicas condicionan la situación afectiva infantil que genera la aparición del fenómeno, hablaré de las que, a mi juicio, son las principales. Y puesto que no dispongo de datos más fiables que los obtenidos en la práctica clínica, empezaré por indicar que alrededor del 80 % de los casos de hombres Peter Pan que he tratado presentan biografías infantiles con unos rasgos intrafamiliares suficientemente homogéneos como para establecer con ellos cuatro subgrupos etiológicos, a partir de los cuales esos niños han resultado hombres Peter Pan en la edad adulta.

Al perfil del niño perteneciente al primer subgrupo lo he denominado príncipe destronado; al del segundo, príncipe vagabundo; al del tercero, patito feo, y al del cuarto, niño invisible. Los he calificado de manera tan descriptiva porque quiero dar pistas sobre la estructura familiar que los condiciona y de las razones que tiene el niño para desarrollar el perfil. Pero debe quedar claro que no todos los niños que crecen en las situaciones que voy a describir se convierten en hombres Peter Pan, ya que gracias al libre albedrío, todo ser humano tiene la posibilidad de revertir situaciones y superar dificultades. Por ese motivo, la casuística que voy a desarrollar debe considerarse un factor de riesgo y no una condena biográfica, porque lo peor que puede hacer una persona es buscar, en su pasado, las coartadas que impidan su evolución hacia el futuro. Para expresarlo en un lenguaje que incluya la propiedad más distintiva del personaje que inspira este ensayo, podríamos decir que aunque puedan entenderse las razones familiares que hace que los niños deseen volar, cada uno de esos niños puede decidir hacia dónde se dirige aunque el viento no sople a su favor. Claro que es más fácil el camino del País de Nunca Jamás, pero les aseguro que si deciden dirigirse hacia el País del Presente y el Ahora, encontrarán gratificaciones adultas que les compensarán ampliamente de las que perderán como niños.

El príncipe destronado

El perfil del príncipe destronado es el de un niño que siendo hijo único y centro de atención de sus padres pierde su protagonismo como consecuencia del nacimiento de un hermano.

Si ese mismo niño hubiera sido hijo único toda la vida no sería un príncipe destronado, pero entonces habría padecido un problema distinto y a veces de peor solución, consistente en ser «el rey de la casa». El rey de la casa lo es porque recibe, en exclusiva, toda la atención de sus padres. Puede que después, al hacerse mayor, vea que fuera del hogar las cosas no son tan fáciles ni los afectos tan incondicionales como en la infancia, lo cual puede ocasionarle inseguridades; pero serán distintas a las del príncipe destronado, porque el gran problema de este último reside precisamente en que primero ha sido el rey de la casa y luego ha dejado de serlo. Y cuanto más rey se haya sentido y más años haya reinado, más aguda y profunda resultará la herida que le produce la pérdida de su exclusivo protagonismo familiar.

Es evidente que tanto los reyes de la casa como los príncipes destronados pueden ganar o perder seguridad por distintas vías y por innumerables motivos, pero según mi criterio un rey de la casa nunca será un hombre Peter Pan, porque no tendrá el déficit afectivo infantil que es el común denominador que comparten todos los niños perdidos. Así pues, y éste es el objeto de la reflexión, los niños que se han sentido adecuadamente queridos pueden sentirse seguros o inseguros en función de cómo superen la adolescencia y desarrollen sus valores como adultos, pero difícilmente presentarán un comportamiento de Peter Pan, porque nunca les ha faltado ese esencial calor afectivo del hogar familiar.

En definitiva, lo que quiero evidenciar es que aunque ninguna estructura familiar, ni modelo de relación, puede garantizar la seguridad futura de los hijos que crecen en ella, sí es cierto que los cuatro modelos que voy a desarrollar son los que, con mayor frecuencia, generan las condiciones para que el niño pueda presentar en su juventud un comportamiento Peter Pan.

En el caso concreto del príncipe destronado, eso es especialmente cierto cuando su hermano nace entre tres y cinco años después de él. Cuando la diferencia es de uno o dos años el niño puede aceptar mejor su pérdida relativa de protagonismo, porque todavía no ha consolidado suficientemente su conciencia de individualidad ni lleva tanto tiempo siendo el único foco de atención. Y cuando el niño tiene más de seis años es posible hacerle entender que va a tener un hermanito y ayudarlo a positivar su condición de ser el mayor. Por eso, la posibilidad de sentirse un príncipe destronado debe entenderse como un factor de riesgo más que como una fatal condena a la que ningún primogénito puede escapar, porque la eventualidad de que se desarrolle el déficit afectivo depende tanto de la diferencia de años en relación al segundo hijo como de la habilidad de los padres, y de las demás figuras parentales, para gestionar la situación de manera tal que pueda mitigarse, en lo posible, la pérdida de protagonismo del que un día fue el rey de la casa.

En ese sentido tan malo es pasarse como quedarse corto. Recuerdo casos en los que, para evitar que el niño se sienta un príncipe destronado, se le protege en exceso e incluso se facilita su regresión, aceptando que niños de tres o cuatro años vuelvan a mamar de sus madres como hacen sus hermanos pequeños. En cambio, en otros se les intenta hacer responsables antes de tiempo y se les exige que quieran y cuiden a sus hermanitos hasta un punto que no están en condiciones de asimilar, lo cual puede provocar efectos indeseables, como le ocurrió al niño del caso que les voy a relatar.

Un hermano mayor que quería ser único

Juan tenía cinco años cuando nació su hermano. Sus padres eran afectuosos y su infancia transcurría plácidamente en un hogar modélico, hasta que una tarde, que él recuerda lluviosa y gris, sus padres le anunciaron que pronto tendría un hermanito. La comunicación fue tan adecuada que el niño esperó el acontecimiento con ilusión y sus padres se dedicaron a prepararle para su futura e importante labor.

Llegó el feliz día y con él su pequeño hermanito y a medida que pasaban los meses, y en la misma proporción que el bebé aumentaba de tamaño, crecía en Juan un sentimiento contradictorio, mezcla de amor y odio. Quería a su hermano, porque sus padres le habían dicho que debía quererlo y supieron despertar en él ese sentimiento fraternal, pero a la vez fantaseaba con que ese niño desapareciera para poder recuperar toda la atención de sus padres. Y tanto y tanto fantaseó con quedarse solo que un día decidió tirar a su hermano por la ventana.

Por suerte sus padres entraron en ese momento en la habitación y evitaron el fratricidio.

Ahora, cuarenta años después, Juan se pregunta qué habría ocurrido sin la intervención de sus padres, y yo lo tranquilizo diciéndole que habría superado la tentación agresiva y habría devuelto el niño a su cuna. Además añado que, en mayor o menor grado y de forma más o menos expeditiva, muchos otros hermanos mayores, en situaciones similares, han protagonizado acciones equiparables. Y de ello no son culpables ni sus padres ni sus hermanos ni siquiera ellos mismos, sino la propia naturaleza humana con todas sus necesidades afectivas y las formas inmaduras de intentar resolverlas.

Por eso considero que nadie debe sentirse culpable por ser un Peter Pan; en todo caso, si quiere asumir alguna responsabilidad, que sea por no dejar de serlo, porque eso sí que depende de él y no de las circunstancias infantiles que dificultaron su proceso de maduración. Hago esta reflexión para que los padres no se sientan mediatizados a la hora de decidir el número de hijos que desean tener. Cierto que cuando nace el segundo el primogénito puede sentirse un príncipe destronado, pero para evitarle ese sentimiento no hace falta privarle del nuevo hermano; basta con tener presente que los hermanos mayores también tienen un niño pequeño dentro que necesita ser cuidado con calidez para que no desarrolle la tentación de convertirse, nuevamente, en hijo único ni de volar al País de Nunca Jamás.

El príncipe vagabundo

Así como todo hijo primogénito corre el riesgo de sentirse un príncipe destronado, todo hijo de padres separados forma parte del grupo de riesgo en el que se desarrolla la problemática del príncipe vagabundo, aunque en este caso no es por falta de afecto y atención, sino porque suele recibirlo en exceso y desde hogares distintos.

Los príncipes vagabundos son niños que suelen tener dos, tres, cuatro y, en ocasiones, hasta seis hogares distintos cuando se implican en su cuidado abuelos separados. Naturalmente la intención de todos ellos es altamente loable, puesto que tratan de paliar los posibles efectos negativos de la ruptura, procurando que el niño se sienta cómodo en todos los hogares que resultan de la disgregación familiar. Pero es obvio que para el niño es mejor tener un hogar, o a lo sumo dos, en donde pueda establecer su sentido de pertenencia, que vivir en varios domicilios distintos que, más que contribuir a su seguridad, suelen aumentar su confusión y facilitan el riesgo de que el niño, para paliar los efectos de su vida itinerante, necesite refugiarse en la fantasía.

El príncipe vagabundo reparte su tiempo entre varios hogares en los que es cuidado con esmero, pero constantemente pierde la precaria estabilidad que cada uno de ellos le ofrece, cuando lo que a un niño le conviene es la seguridad de una residencia fija en la que establecer la base de sus afectos esenciales. A partir de ahí, las otras casas —donde también puede sentirse confortablemente instalado—, deben contemplarse como un complemento más o menos importante, según las circunstancias de cada familia en concreto.

Lógicamente lo ideal sería que los padres supieran gestionar su separación de tal manera que pudieran neutralizar, en lo posible, el efecto negativo del cese de la convivencia. Pero lo habitual es que ocurra lo contrario y que los hijos acusen las tensiones inherentes a la ruptura, con lo cual resulta que, al problema de la disgregación familiar, suele añadirse el de la rivalidad de los padres para ganarse el favor de los hijos. Es en esa situación donde las secuelas resultan más traumáticas porque la necesidad de castigar a la pareja, o de compensar a los hijos por el cese de la convivencia, hace que se produzcan espectáculos tan penosos como el de ver que los padres dedican su esfuerzo a denigrarse recíprocamente, en lugar de concentrar su energía en atender a los hijos. Por eso el príncipe vagabundo, además de sufrir los efectos de la ruptura de la unidad familiar, suele tener el problema suplementario de crecer entre distintos modelos educativos, donde todos compiten por exigirle poco y obsequiarle con numerosos regalos innecesarios, lo cual repercute en un relajamiento excesivo de las normas educativas, lo que crea las condiciones idóneas para que, con los años, el niño se convierta en un joven Peter Pan.

Obviamente no estoy sugiriendo que para preservar la estabilidad de los hijos deba evitarse la separación de los padres, porque, tal como van las relaciones de pareja, eso sería una quimera; pero sí sería deseable gestionar las rupturas de forma tal que los niños pudieran sentir que papá y mamá los quieren y los educan por separado, en lugar de notar que cada uno de ellos los malcría a su manera, como les pasó a los dos hermanos del caso que voy a contar.

El caso de los padres ricos que empobrecieron la vida de sus hijos

Juan y Eva eran una pareja de mediana edad que gracias a sus esfuerzos personales habían alcanzado una situación económica holgada.

Llevaban quince años casados y tenían dos hijos que empezaban a acercarse a la adolescencia, cuando lo que había sido una relación armónica empezó a complicarse como consecuencia de un enamoramiento alternativo de Eva.

A pesar de la voluntad que la pareja mostró para intentar reconducir las cosas, terminaron separándose y, a partir de entonces, empezaron a rivalizar para que sus hijos desearan pasar el máximo tiempo posible con ellos.

El problema era que, como estaban separados, el tiempo que pasaban con el padre era en detrimento del que dedicaban a la madre, y cuando estaban con la madre encontraban a faltar al padre, que era el que se había marchado del hogar común.

Los padres intentaron gestionar la situación tan bien como pudieron y procuraron no culpabilizarse el uno al otro del sufrimiento que observaban en sus hijos, pero no consiguieron evitar que el modelo educativo que hasta entonces les habían transmitido fuera tornándose cada vez más permisivo en una edad en que los hijos necesitaban, más que nunca, relacionar los esfuerzos con las recompensas para poder desarrollar una escala de valores adulta.

A las pocas semanas bajaron el rendimiento escolar y los padres fueron comprensivos. Llegaban tarde a casa y los padres se mostraban tolerantes. Tan comprensivos y tolerantes fueron que les concedían todo lo que pedían para compensar la estabilidad que ya no les podían ofrecer.

Por fortuna, tanto los padres como los hijos reaccionaron a tiempo y, con ayuda de una terapia familiar, todos consiguieron entender que la mejor forma de querer no es la más permisiva, sino la que facilita una adecuada evolución de los niños hacia la madurez.

A partir de ese momento las cosas cambiaron; los adolescentes empezaron a respetar las reglas que les marcaban sus padres, y los padres empezaron a marcar las pautas que necesitaban sus hijos porque todos entendieron que pasar menos tiempo juntos no debía suponer obtener más regalos ni saltarse las normas establecidas.

Creo que en este ejemplo queda claro que tener dos hogares no es incompatible con mantener las normas educativas, ni ha de suponer forzosamente falta de control sobre el comportamiento de los hijos. Cuando los padres se separan suele ser habitual que los hijos repartan su tiempo entre distintos hogares, pero ello no significa que deban dejar de recibir los mensajes adecuados para su educación y una suficiente demostración de afecto que evite, por un lado, la sobreprotección, y por otro, el déficit afectivo.

Es evidente que las parejas afectadas por un divorcio no están en las mejores condiciones para garantizar la estabilidad de sus hijos y, en esos momentos, no saben cómo actuar con ellos. A quienes están atravesando tal situación, me gustaría ayudarles diciéndoles que las personas maduran gracias a la adecuada gestión de las crisis que sufren y que el cese de la convivencia es una oportunidad de oro para que, las dos partes, aprovechen la ocasión para madurar individualmente, porque al hacerlo, además de salir fortalecidos, evitarán también el riesgo de que sus hijos puedan convertirse en príncipes vagabundos.

El patito feo

Ya sé que el famoso cuento de Hans Christian Andersen habla de un cisne joven que se creía un patito feo porque no era consciente de su condición de cisne y que, el mensaje que transmite es positivo porque significa que ser distinto no significa ser peor. Pero en este caso voy a utilizar toda la fuerza alegórica de la historia para resaltar en negativo el perfil de un grupo de niños que se sienten patitos feos no porque son cisnes jóvenes, sino porque son los menos agraciados de todos los patitos que componen la familia.

En esta tercera variante de déficit afectivo infantil susceptible de convertir a un hombre en Peter Pan, lo importante no es el número de hijos que componen la familia, ni el orden que ocupan al nacer, ni siquiera la dinámica que se establece entre los hermanos, sino la sensación de agravio que siente el niño con respecto a ellos. Puede ser por el trato que recibe de los padres o por su propia percepción de estar menos dotado que los demás hermanos en aquellos aspectos que se consideran esenciales para la autoestima infantil: inteligencia, bondad, simpatía, belleza o cualquier otro rasgo de su perfil que le permita autoafirmarse. En ese sentido es importante precisar que la percepción de patito feo no tiene por qué fundamentarse en una carencia o defecto objetivo, sino que se establece por contraste con otros referentes que se consideran más meritorios.

Por tanto, se trata de un agravio comparativo que permite definir el déficit como el resultado de una toma de conciencia del sujeto de que su perfil resulta, globalmente, menos valioso que el de sus hermanos.

Naturalmente eso no quiere decir que el niño no pueda convertirse en cisne pero, de entrada, su problema es que se considera menos atractivo que los demás porque no observa en sí mismo los rasgos físicos o de comportamiento que él valora como positivos en los otros niños que forman parte de su círculo infantil. Por consiguiente, el problema fundamental del patito feo no reside en cómo los demás le ven, ni tampoco en los muchos o pocos valores que él pueda poseer, sino en el agravio comparativo que le produce la percepción que él tiene de los otros niños. Ése es su rasgo distintivo y su gran peligro con respecto a los perfiles de los príncipes destronados o vagabundos. Porque mientras ellos lo son porque han perdido parte del afecto que anteriormente han tenido, el problema del patito feo es que no se considera digno de ser querido, por mucho que sus padres lo valoren y le muestren su afecto; porque el suyo no es sólo un déficit afectivo sino también, y sobre todo, de infravaloración. Por eso, cuando sea adulto, será el menos activo y más inhibido de todas las variantes de hombre Peter Pan. Incluso puede que ni siquiera necesite serlo y se conforme con pasar desapercibido y convertirse en un anónimo y modesto niño perdido, como ocurrió en el caso siguiente.

El patito feo que nunca quiso volar

David era el tercer hijo de una familia de cinco miembros formada por sus padres, sus hermanas y él, que había nacido cuando ellas ya tenían siete y cinco años.

Naturalmente, en su condición de hijo menor y único varón, tuvo una infancia que él mismo calificaba de sobreprotegida, puesto que toda la familia le prodigaba innumerables cuidados y atenciones.

Cuando acudió a mi consulta tenía treinta años y vino a visitarme, a instancia de sus padres, porque observaron que se había acomodado excesivamente a una vida fácil, consistente en trabajar poco, evadirse mucho y seguir viviendo en el hogar familiar donde su madre le seguía cuidando como cuando era niño. Sus hermanas ya se habían casado hacía años, pero él prefería seguir soltero porque consideraba que así podría disfrutar de todas las ventajas que implica la libertad; aunque lo sorprendente era que, en la práctica, la mayor parte de su tiempo lo pasaba conectado a internet en lugar de salir y divertirse.

Poco a poco, y a lo largo de las sesiones, David fue descubriendo que las contradicciones entre su discurso y sus acciones no se debían tanto a que se encontraba bien en su nido como a que tenía miedo a volar. Su problema era que durante toda su infancia se había sentido el patito feo entre dos hermanas brillantes, simpáticas y atractivas. Y la consecuencia de todo ello fue que nunca se consideró digno de ser querido, a pesar de las muestras de afecto que recibía porque él no era ni tan brillante, ni tan simpático, ni tan atractivo como sus hermanas. Por eso prefería seguir protegido en un hogar acogedor que arriesgarse a volar en un mundo donde podía ser rechazado, porque el amor que se recibe viene condicionado por el amor que se da. Y puesto que él no se sentía estimable prefería volar a través de internet y seguir viviendo protegido en su nido.

Comportamientos como los de David son muy frecuentes entre los hombres Peter Pan que en su infancia se sintieron patitos feos. Tienen miedo al compromiso y prefieren refugiarse en el hogar familiar desde el que hacen pequeñas incursiones al exterior para divertirse sin comprometerse, evitando el peligro de ser heridos emocionalmente. Por eso, muchos de los hombres que son calificados por las mujeres de infantiles o inmaduros, no son más que inseguros patitos feos que arrastran, desde la infancia, una desconfianza en sus propios valores y un miedo a no ser queridos como adultos. El problema es que en lugar de confiar en sus fuerzas y aprender a volar para dirigirse al País del Presente y el Ahora, intentan neutralizar sus miedos manteniéndose cerca del hogar infantil. Y cuando un hombre no sabe volar solo es porque, en el fondo de su inconsciente, sigue activa la idea de que los patitos feos deben quedarse en el nido para que nadie los vea.

El niño invisible

La peculiaridad de esta cuarta variante de niño que no quiere crecer es que su déficit afectivo no depende tanto del lugar que ocupa entre los hermanos, ni de los agravios comparativos con respecto a ellos, ni de la falta de un hogar de referencia, sino que puede darse en cualquier situación y circunstancia, porque el origen de su problema reside en que dentro del hogar familiar no encuentra calor afectivo.

Cuando los padres pasan mucho tiempo fuera de casa, o se relacionan entre ellos excluyendo a los niños de sus conversaciones, los hijos pueden sentirse invisibles porque notan que no juegan un papel relevante en la dinámica familiar. Normalmente es un hijo único que vive su infancia en una clave antagónica a la del rey de la casa, porque en lugar de ser el centro de atención de sus padres, ellos sólo están atentos a sus propios asuntos, o están más focalizados en su condición de pareja que en atender a su hijo. Por eso el niño no se siente querido y desarrolla un singular mecanismo de defensa que consiste en callar para no molestar, y refugiarse en juegos y fantasías porque cree que es lo que le corresponde en su condición de niño obediente.

De esa manera tan simple el niño invisible empieza a desarrollar su futura condición de hombre Peter Pan. Lleva tanto tiempo sin molestar a los adultos que llega un momento en que decide no molestarse en crecer, puesto que, en cierta manera, ha aprendido una forma un tanto paradójica de que lo quieran: no llamar la atención. El problema es que cuando ese niño llega a ser adulto se da cuenta de que no basta con pasar desapercibido y portarse bien para recibir la aprobación de los demás, sino que debe abrirse camino y adquirir cierto protagonismo social para poder desenvolverse eficazmente en la nueva realidad.

Entonces es cuando descubre que ser un niño invisible no es adaptativo y que su fórmula de callar y no molestar, con la que intentaba ganar el afecto que no recibía, ya no es válida para la vida adulta. Lo habitual en estos casos es que el niño decida crecer, pero como desde la infancia le ha faltado la atención de sus mayores, suele buscar el apoyo de una pareja, un amigo o un terapeuta para conseguir su propósito, como le ocurrió al protagonista de la siguiente historia:

El niño invisible que se escondía en el armario

Jorge era un joven bien dotado intelectualmente que había iniciado una brillante carrera profesional y que acababa de contraer matrimonio. Aparentemente todo le funcionaba bien, pero vino a visitarme porque se daba cuenta de que necesitaba constantemente que su mujer se mostrara afectiva y que le repitiera lo mucho que lo quería.

Durante el trabajo terapéutico tomó conciencia de que a lo largo de su infancia había sido un niño sumamente obediente y solitario que se había refugiado en la lectura de libros de aventuras para compensar su falta de estímulos reales y sólo recordaba un juego en el que participaba su madre.

Recordó que en algunas ocasiones, entre los cinco y siete años, cuando se cansaba de jugar en silencio, al lado de sus padres, con sus coches y soldaditos, se escondía en un armario con la esperanza de que lo encontraran a faltar. Por fortuna al poco rato su madre notaba su ausencia y lo llamaba y lo buscaba hasta encontrarlo. Entonces lo abrazaba y el niño regresaba al salón para volver a jugar en solitario, pero con la satisfacción interior de ese refuerzo afectivo intermitente que recibía de su madre cuando se escondía en el armario.

Con esos antecedentes no era extraño que Jorge necesitara recibir constantes muestras de afecto de su esposa, pero como era lo bastante maduro para entender que esa necesidad infantil podía poner en peligro su relación amorosa como adulto, decidió trabajar su déficit afectivo sin esconderse en ningún armario, ni refugiarse en ningún nido, ni volar al País de Nunca Jamás. Por eso en poco tiempo se instaló en el País del Presente y el Ahora, al lado de una mujer que le mostraba suficiente afecto porque él había aprendido a no reclamarlo en exceso.

El caso de Jorge es típico del hombre Peter Pan que ha sido en su infancia un niño invisible; pero por desgracia en muchas ocasiones la evolución no suele ser tan buena ni tan rápida, porque es frecuente que quien, en la infancia, se acomoda en exceso a vivir con poco afecto, tenga la tentación de seguir acompañándose únicamente de sí mismo para no asumir el riesgo de ser rechazado por los demás.

Reflexión para niños que ya no lo son

Acabamos de ver cuatro ejemplos distintos de las cuatro variantes infantiles que crean las condiciones para que los niños puedan convertirse en hombres Peter Pan. Seguro que si cada uno de ustedes analiza su propia biografía, o la de personas cercanas, podrá llegar a la conclusión de que han vivido infancias similares a las descritas. Es más, si reflexionan un poco se darán cuenta de que en ellos, o en ustedes, coincidieron, a la vez, varias de las situaciones relatadas.

Por ejemplo, no es infrecuente que el niño invisible pueda sentirse, a la vez, patito feo; o que el príncipe destronado pueda convertirse en niño invisible, sino que, por el contrario, un número significativo de personas declara haber vivido episodios que identifica con varios de los perfiles descritos. Teóricamente podría darse el caso de que un niño primero fuera príncipe destronado, luego se sintiera patito feo, después evolucionara hacia niño invisible y, por último, pudiera convertirse en príncipe vagabundo. Pero incluso en ese caso extremo, ese niño óptimamente inducido a convertirse en hombre Peter Pan, puede dejar de serlo si, al hacerse adulto, toma conciencia de su condición. Porque si bien es cierto que la infancia condiciona y prefigura nuestro perfil de adultos, todavía es más cierto que cada persona puede mejorarse a sí misma si cree que eso es posible y trabaja para conseguirlo. Y la primera oportunidad que tiene para ello se presenta en la juventud, porque tan pronto como un niño entra en la adolescencia se producen en él una serie de cambios fundamentales que le van a transformar físicamente en adulto y le introducirán en un estilo de vida radicalmente distinto, donde su destino va a depender más de él y menos de sus padres. Por ello, aunque es cierto que el perfil de Peter Pan empieza a desarrollarse en la infancia y dentro del contexto familiar, su consolidación sólo puede producirse dentro de un marco mucho más amplio, cuando el joven empieza a desenvolverse en el mundo de los adultos.

5

El joven Peter Pan

> Sólo la propia y personal experiencia hace al hombre sabio.
>
> SIGMUND FREUD

Si tuviera que sintetizar lo que pienso sobre los problemas psicológicos diría que la mayoría de ellos nacen en la infancia, se agudizan en la primera juventud, y se cronifican o superan a partir de los treinta años, según la capacidad que tiene el individuo para gestionarlos adecuadamente. Si es capaz de autocriticarse y entender lo que le ha ocurrido va madurando. Pero si, en lugar de emplear su energía en mejorar, culpabiliza a los demás, entonces se va neurotizando y sus problemas se cronifican.

La primera oportunidad que tiene una persona para madurar se presenta muy pronto en la vida, justo inmediatamente después de la adolescencia, cuando se ha consolidado la radical transformación psicofísica que convierte a los niños en adultos. Cuando uno es niño su morfología está en constante desarrollo hasta que su fisonomía y su estructura corporal adquieren su imagen adulta entre los dieciséis y los dieciocho años. A partir de entonces el joven ha de empezar a aceptarse como es aunque no se guste del todo, cosa que, por cierto, le ocurre a la mayoría. En ese momento es cuando tiene su primera gran ocasión para madurar o neurotizarse; aunque lo habitual es que primero se neurotice y luego madure, en función de cómo vaya resolviendo sus crisis existenciales, la primera de las cuales está relacionada con la asimilación de su imagen adulta. Por eso la defino como crisis de autoaceptación psicoestética.

Por supuesto que no es lo mismo ser un patito feo en la infancia y convertirse en un bello cisne en la juventud que vivir el proceso inverso y notar que el pequeño cisne se ha convertido en pato. Planteo estos dos extremos de evoluciones contrapuestas para resaltar cómo pueden afectar a un joven los radicales cambios físicos que se producen en la adolescencia. Pero el problema de la mayoría no radica en ser patitos que se convierten en cisnes, sino en no ser cisnes tan bellos como ellos quisieran o, por decirlo de forma menos metafórica, comprobar que su imagen real no está a la altura de su imagen ideal, con lo cual, a los problemas que puedan arrastrar de la infancia, han de añadir uno nuevo: la aceptación de su imagen adulta. De la misma manera que los problemas infantiles suelen estar relacionados con el déficit de *autoestima*, los de la primera juventud están relacionados con la aceptación de la *autoimagen*. El problema es que ambos aspectos suelen reforzarse mutuamente porque es fácil que quien no se ha sentido querido no se sienta querible y que quien no se sienta querible no se sienta atractivo. Por eso es tan importante que la persona sea capaz de desarrollar un buen *autoconcepto*, porque sin él es imposible corregir las inseguridades dimanantes de los niveles anteriores.

Acabo de sintetizar en un párrafo toda mi teoría de la seguridad personal. Y puesto que de lo que se trata es de favorecer el proceso de maduración de los jóvenes Peter Pan, voy a explicar, a partir de las tres palabras clave que he subrayado —autoestima, autoimagen y autoconcepto— por qué estos jóvenes siguen sin crecer psicológicamente cuando ya se han desarrollado físicamente.

LA AUTOIMAGEN DEL JOVEN PETER PAN

El joven Peter Pan, como cualquier otro joven, puede ser alto o bajo, guapo o feo y no por eso dejará de ser un Peter Pan aunque, como es lógico, la expresión de su perfil adquirirá rasgos de comportamiento notablemente distintos. Si es alto y guapo es más fácil que tenga una buena autoimagen y que la utilice para autoafirmarse. En cambio, si es pequeño y feo es muy probable que tenga poca confianza en su físico y que busque otros cauces para ganar seguridad. Y en este caso es cuando entra en juego el autoconcepto. Pero antes de tratar de la interacción entre autoimagen y autoconcepto, como medio para neutralizar el déficit de autoestima, veamos primero en qué consiste y cómo se forma la autoimagen.

Defino la autoimagen como la percepción que tiene el sujeto de su propio atractivo físico. Pero, más que definirla, me gustaría resaltar que lo que nos interesa desde un punto de vista psicológico es saber cómo se forma y, sobre todo, qué margen tenemos para mejorarla. Y ésas son las dos cosas que voy a explicar a continuación.

Aunque las características físicas ya tienen su importancia en la infancia y dan origen a determinados complejos infantiles cuando uno es el gordo, el narizotas o el jirafa de su grupo de referencia, está claro que lo determinante para la configuración de la autoimagen no es la cambiante morfología infantil, sino el resultado final del proceso de crecimiento que se estabiliza después de la adolescencia y se consolida definitivamente entre los dieciséis y los dieciocho años. A partir de ese momento el margen de cambio es mínimo y al sujeto no le queda más remedio que aceptarse o recurrir a la cirugía estética —cosa que por cierto cada día es más habitual—, aunque eso no signifique que sea lo más conveniente, maduro o adaptativo. Mi criterio al respecto es que cuando una persona recurre a la cirugía para mejorar su autoimagen, sin dedicarse primero a desarrollar su autoconcepto, está incurriendo en un comportamiento inmaduro que tendrá poca repercusión en su seguridad global. Por ello, aun siendo una decisión orientada a mejorar la autoimagen, no debería tomarse sin desarrollar previamente el autoconcepto.

Pero, para no anticipar las dinámicas y mecanismos que luego utilizaremos para favorecer la maduración de los hombres Peter Pan, voy a retomar el tema de la formación de la autoimagen diciendo que es el resultado de un complejo proceso de autovaloración que se va consolidando, a lo largo de la juventud, como consecuencia de las tres percepciones siguientes:

1. La que tenemos de nuestro atractivo.
2. La que tenemos del atractivo de los demás.
3. La que los demás tienen de nuestro atractivo.

Naturalmente si uno se considera guapo, ve que los demás son más feos y los demás le dicen que él es más guapo, es muy fácil que su autoimagen, en cuanto a belleza, sea positiva. Y lo mismo ocurre con la estatura, aunque ésta requiere de menor refuerzo externo puesto que es objetivamente medible y fácilmente perceptible. Ahora imaginemos el caso opuesto de una persona pequeña y poco agraciada y nos será fácil deducir que la percepción de su propia autoimagen pueda ser negativa.

Es evidente que del razonamiento anterior no podemos deducir que la buena autoimagen garantice automáticamente la seguridad, ni que la mala la imposibilite para siempre. Pero está claro que la valoración que el sujeto hace de su atractivo físico influye, de manera significativa, en el modelo que utiliza para intentar neutralizar su déficit afectivo. Y como para conseguirlo, además de la autoimagen, cada persona dispone también de los valores que configuran su autoconcepto, es evidente que para explicar las distintas posibilidades de maduración, que surgen de la combinación de ambos factores, deberé ampliar información sobre este segundo aspecto.

El autoconcepto del joven Peter Pan

Al igual que ocurre con la autoimagen, y como no podía ser de otra manera, también el autoconcepto se establece como consecuencia de un triple contraste entre lo que el sujeto piensa de sí mismo, lo que los demás piensan de él y lo que él piensa de los demás; aunque en este caso la determinación de los valores que lo constituyen son más difíciles de precisar. Por ejemplo, si digo que la inteligencia, la simpatía o el optimismo son valores relevantes para la constitución de un autoconcepto positivo, supongo que la mayoría de opiniones coincidirán con la mía, pero a la vez, como esos valores son más difíciles de evaluar que las características físicas, y su utilidad depende de cómo se gestionen, llegaremos a la conclusión de que establecer el autoconcepto es un proceso mucho más complejo que valorar la autoimagen.

Por fortuna, todos los atributos que forman el autoconcepto son susceptibles de ser potenciados, pero para ello se requiere tiempo, esfuerzo y una buena capacidad de autocrítica, lo cual hace que, desde un punto de vista psicoevolutivo, sea la última capacidad en desarrollarse. Por eso, biográficamente hablando, gracias a que las personas adultas pueden mejorar su autoconcepto, están en condiciones de corregir los déficits e inseguridades que provienen de su autoestima y de su autoimagen.

Planteando el tema en clave de evolución personal, podemos concluir que, por medio de los valores del autoconcepto que se desarrollan en la edad adulta, se pueden superar las carencias afectivas de la infancia y los complejos físicos de la juventud. Y quien ha experimentado esa sensación de automejora detecta que en su interior se ha producido un diálogo parecido al siguiente: «Es cierto que no me quisieron como yo necesitaba, ni me gusto físicamente tanto como yo desearía, pero noto que, gracias al adecuado desarrollo y ejercicio de mis valores, estoy recibiendo muestras de afecto y aprecio que me hacen sentir una persona digna de ser querida».

Para resumir por etapas toda la complejidad del proceso psicoevolutivo que va forjando los distintos elementos que forman la seguridad de las personas, podríamos decir que en la infancia se construye la autoestima en función de cómo interiorizamos los afectos parentales, en la primera juventud creamos y consolidamos la autoimagen de acuerdo con nuestra capacidad de aceptarnos físicamente, y en la edad adulta podemos desarrollar y utilizar el autoconcepto para corregir las inseguridades que provienen de las otras dos vías. El problema es que para ello necesitamos confiar en nuestros valores, lo cual no siempre ocurre y entonces es cuando se hace necesario el apoyo externo de alguien que nos ayude a evolucionar.

En condiciones normales esa función puede desarrollarla cualquier persona dotada de capacidad de escucha que confíe en nosotros y nos haga sentir valorados. Pero los jóvenes Peter Pan no suelen tener suficiente con este apoyo porque, como su déficit básico es afectivo y lo arrastran desde la infancia, necesitan cubrirlo con una figura femenina que actúe de madre protectora. Por eso buscan una mujer Wendy que los comprenda, cuide y proteja, pero a la vez tienen miedo de comprometerse porque no quieren asumir el riesgo de sentirse nuevamente abandonados.

La consecuencia natural de esa ambivalencia es que pueden pasarse toda la juventud yendo y viniendo al País de Nunca Jamás con paradas esporádicas en amores que no les comprometan, pero cuyo refuerzo afectivo necesitan. Por esta razón, los jóvenes Peter Pan valoran enormemente tener éxito con las mujeres y, para conseguirlo, utilizan todos los medios a su alcance en función de cómo se catalogan a sí mismos en el ámbito de la autoimagen y el autoconcepto. De acuerdo con ese doble referente podemos establecer cuatro variantes de joven Peter Pan que he denominado respectivamente como: *seductor*, *narcisista*, *intelectual* y *servicial*, para destacar los rasgos básicos que los caracterizan.

La evolución que conduce a los niños Peter Pan hacia esas variantes de su comportamiento adulto la he sintetizado en el siguiente esquema que resume todo el proceso.

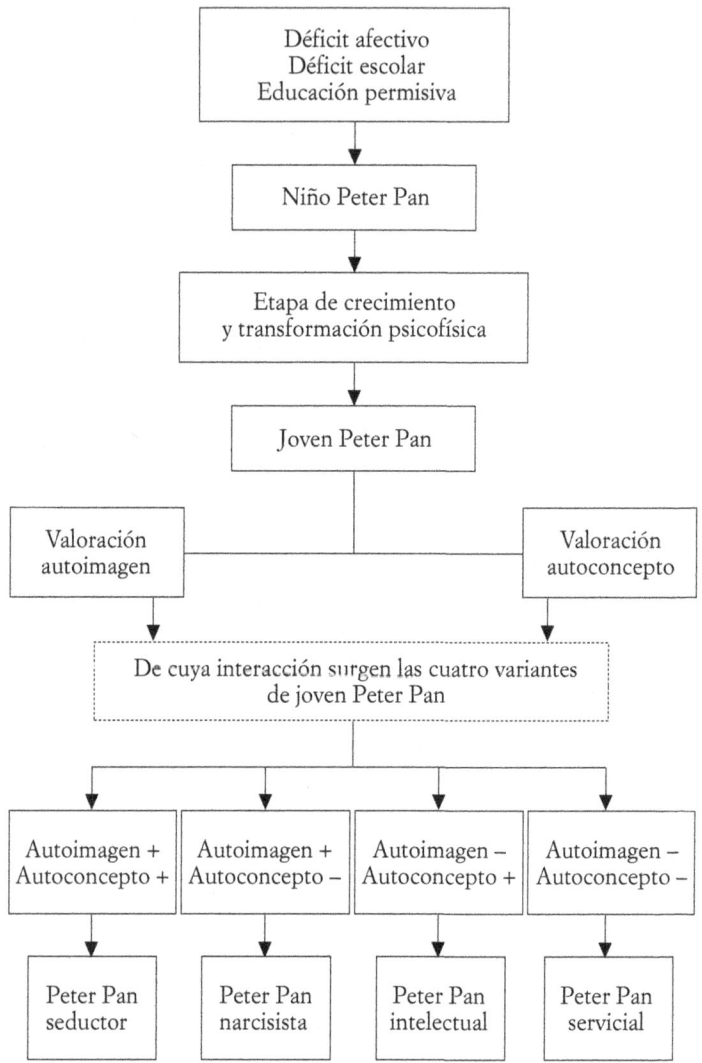

FIGURA 3. Esquema de la evolución del niño con déficit afectivo hacia las distintas variantes de Peter Pan.

Creo que el cuadro sintetiza perfectamente la dinámica de la transición de los niños con déficit afectivo hacia su comportamiento como jóvenes Peter Pan, pero para facilitar la comprensión de la evolución del proceso, voy a explicar brevemente los cinco pasos que la caracterizan:

1. La conjunción del déficit afectivo, el déficit escolar y la educación permisiva hace que el niño rechace su realidad y se refugie en un mundo de fantasía.
2. Naturalmente eso lo ayuda a sufrir menos, pero también le impide madurar.
3. En esas condiciones el niño llega a la adolescencia y comienza a transformarse física y psíquicamente.
4. Cubierta la fase de transformación psicofísica el joven empieza a tomar conciencia de cuál va a ser su imagen adulta y de cuáles pueden ser sus valores esenciales.
5. En función de la valoración positiva o negativa de su autoimagen y de su incipiente autoconcepto desarrollará uno de los cuatro perfiles resultantes: seductor, narcisista, intelectual o servicial.

Aunque las cuatro variantes de joven Peter Pan comparten la necesidad de ser queridos, el tipo de comportamiento que desarrollan para conseguir sus objetivos es muy distinto en cada caso y depende de dos factores. El primero, la variante de niño Peter Pan que fueron en su infancia. Y el segundo, el grado de confianza que adquieren como adultos en función de la percepción que tienen de sí mismos en relación a su atractivo físico y a sus valores personales. Por consiguiente, y resumiendo, el joven Peter Pan es el resultado de un proceso psicoevolutivo que se inicia alrededor de los diez años, cuando el niño tiene suficiente información y formación psicosocial para detectar sus déficits e inseguridades, y culmina alrededor de los veinte, cuando la imagen adulta se ha consolidado y la persona empieza a intuir que su seguridad futura ya no puede depender de su pasado sino de cómo desarrolle y administre sus valores personales.

En función de lo que acabo de exponer, considero que el más importante de los viajes que puede realizar Peter Pan no es el que hace en la infancia o en la adolescencia para refugiarse en el País de Nunca Jamás, sino el que puede iniciar en la juventud para salir de él. Por eso, antes de hablarles de las dificultades que encontrará cada uno de los cuatro perfiles en su viaje hacia la madurez, conviene precisar que mi análisis se limita a las variables específicas que provocan la problemática del hombre Peter Pan, sin incluir los rasgos de personalidad que determinan el comportamiento, tales como la introversión y la extroversión, o el pesimismo y el optimismo —por citar sólo los más primarios y relevantes— ni el grado en que cada uno de ellos está presente en el sujeto, porque entonces las posibles variantes de comportamiento deberían ampliarse hasta hacerlas coincidir con el número total de hombres Peter Pan que existen en el mundo.

Pero como eso además de ser una tarea imposible serviría de poco, porque lo que le conviene a Peter Pan no es que alguien le diga cómo es, sino que él sepa identificarse en un determinado referente para convertirlo en guía de su propia transformación, espero que la exposición que voy a realizar les ayude a entender su forma de comportarse. Por ejemplo, es muy probable que un joven que actúa de forma seductora, enamorando por doquier sin comprometerse con nadie, sea un príncipe vagabundo con una buena autoimagen y un buen autoconcepto que, con los refuerzos positivos del presente, intenta compensar los recuerdos negativos del pasado relacionados con su infancia itinerante entre los distintos hogares familiares. O por poner otro ejemplo en el extremo opuesto, es posible que un joven retraído y servicial que sólo habla cuando le preguntan, pero que siempre está dispuesto a ayudar a los demás, haya tenido una infancia de niño invisible que no ha sido capaz de superar por falta de una autoimagen positiva o por desconfianza en sus propios valores, o lo que es peor, por ambas cosas juntas.

Los dos supuestos que acabo de exponer son una pequeña muestra del gran abanico de posibilidades de comportamientos concretos que podrían resultar del cruce de las distintas combinaciones entre el tipo de personalidad, la estructura familiar del niño Peter Pan y los grados de seguridad o inseguridad que pueden desarrollar en la adultez en virtud de su autoimagen y su autoconcepto. Por ello conviene recordar que la complejidad del comportamiento humano desborda cualquier pretensión de encasillamiento, y que las tipologías que propongo deben tomarse como un referente que no tiene otra utilidad que la de facilitar que los hombres Peter Pan tengan a su disposición una serie de datos que les permitan comprender su realidad para estar en mejores condiciones de cambiarla.

El Peter Pan seductor

¿Es posible que un joven guapo e inteligente pueda ser a la vez un Peter Pan y un seductor? La respuesta es sí. Y la razón de tan categórica afirmación es que ambos perfiles de comportamiento se retroalimentan óptimamente en virtud de las cuatro circunstancias que concurren en ellos. La primera es su juventud y, por tanto, su inmadurez. La segunda es su buena autoimagen y el sentimiento de ser atractivo que ello le genera. La tercera es que tiene un buen autoconcepto y por ello sabe que, con la adecuada utilización de sus valores personales, puede resultar seductor. Y la cuarta y principal es que necesita compensar su déficit afectivo infantil. Si sumamos las cuatro variables es fácil entender su dinámica de comportamiento: como es joven, atractivo y con valores, nada mejor que utilizar todo ello para seducir a las mujeres y recibir de ellas el refuerzo positivo que lo ayude a superar sus carencias. Sobre el papel el planteamiento es lógico y comprensible pero, en la práctica, el seductor no consigue autoafirmarse por esa vía, porque el refuerzo positivo que obtiene con sus conquistas queda neutralizado por las críticas que recibe de las mujeres a las que seduce. Tanto es así que para el joven seductor suele ser peor el remedio que la enfermedad porque en el fondo, y en coherencia con sus miedos infantiles, quiere afirmarse tanto en su papel de seductor que no es infrecuente que las mujeres implicadas le reprochen su comportamiento inmaduro en lugar de alabar su arte amatorio.

Hasta tal punto el Peter Pan seductor subordina su autoestima a la valoración femenina que es capaz de recurrir a los fármacos para mejorar su rendimiento sexual, puesto que su propia satisfacción depende, en gran medida, de la que es capaz de proporcionar a su pareja. Por eso, y paradójicamente, su talón de Aquiles suele estar focalizado en su pene, ya que no es infrecuente que dude de su tamaño o de su potencia. En cierto sentido resulta lógico que quien pretende compensar sus déficits afectivos a través de su competencia sexual desarrolle un nivel de autoexigencia en sus relaciones que le provoca miedo al desempeño y favorece la aparición de disfunciones sexuales de origen psicológico. La pérdida de erección ante la expectativa de penetración es la más habitual, pero también puede darse la eyaculación precoz o la inhibición del deseo. En cierto modo es comprensible que quien recurre al sexo para afirmarse pueda vivirlo como un problema, en lugar de considerarlo un placer natural que debe activarse por el deseo. Por esta razón, el mejor consejo sexual que puedo ofrecerle al Peter Pan seductor es recordarle que cuantas más mujeres seduzca más fácil será que queden insatisfechas. Si quiere utilizar la vía de la sexualidad para autoafirmarse es mejor que elija el camino de los sentimientos. Porque lo que refuerza la autoestima sexual de un hombre no es el número de mujeres que seduce, sino el enriquecimiento recíproco que resulta de la relación. Pero como el seductor necesita sentirse atractivo, se dedica a seducir sin control en cualquier situación y lugar. Por eso es capaz de enamorar en la calle con la misma facilidad con la que puede defraudar en la cama, lo cual lo convierte, con frecuencia, en el objeto de las críticas de las mujeres que seduce. Porque como ellas mismas confiesan, más que seducidas y abandonadas se sienten abandonadas antes de ser seducidas.

En definitiva y resumiendo la errática conducta que sigue el Peter Pan seductor para intentar autoafirmarse, podríamos concluir que muchos de ellos se convierten en cazadores cazados que se lamentan de ser utilizados sexualmente por las mismas mujeres que ellos querían utilizar. Por ello aunque es el Peter Pan que más puede crecer y desarrollarse, puede ocurrirle que tarde años en evolucionar porque, al haber elegido un camino de autoafirmación que le hace recibir frecuentes censuras, resulta que en la práctica, en lugar de obtener muchos refuerzos positivos sólo le llegan los que resultan negativos.

El Peter Pan narcisista

Al contrario de lo que le ocurre al seductor, el Peter Pan narcisista no suele tener fracasos sexuales, porque su rasgo fundamental no es seducir a las mujeres, sino ser valorado por su atractivo y recibir de ellas refuerzos estéticos, cosa comprensible si entendemos las características básicas de su perfil.

Su autoimagen positiva es todo lo que cree tener para afirmarse y, en consecuencia, es lo que intenta potenciar. Va al gimnasio, cuida su físico y su vestimenta y dedica la mayor parte de su tiempo a cuidarse con la finalidad de gustar a los demás. Para el Peter Pan narcisista tan importante es gustar a los hombres como a las mujeres, porque su seguridad personal la obtiene por esas dos vías, aunque a través de mecanismos distintos. En relación a los hombres necesita sentirse atractivo, porque eso le ayuda a neutralizar su autoconcepto negativo. Y en relación a las mujeres necesita gustarles para recibir de ellas refuerzos positivos que le permitan reducir su déficit de autoestima.

En su vida social suele repartir el tiempo libre entre el cuidado físico y el descuido intelectual. En el gimnasio se dedica a cuidar su narcisismo, y para descuidar su intelecto utiliza la televisión, internet y todos los demás medios que ponen a su alcance las nuevas tecnologías, con el peligro de quedar enganchado, años y años, hasta alcanzar una edad en la que se da cuenta de que ya no es joven. El problema es que como su personalidad no ha madurado, lo más fácil es que acabe siendo un adulto neurótico o que se convierta en un Capitán Garfio. Nada amarga tanto la vida al Peter Pan narcisista como comprobar que no puede detener su declive físico aunque se empeñe en intentarlo poniéndose cremas antienvejecimiento o saliendo con jovencitas que le permitan seguir autoengañándose.

Al Peter Pan narcisista es fácil identificarle cuando se hace adulto porque su imagen lo delata. Viste como a los veinte años, aunque tenga cincuenta y, de los cuatro perfiles, es el que más invierte en ropa, cosméticos y peluquería. Llegado el caso puede recurrir a la cirugía estética para reducirse la papada, corregirse los párpados o quitarse las bolsas de los ojos. Por quitarse, puede incluso quitarse años y cuando llega a cierta edad deja de celebrar su aniversario, aunque ello no le evita envejecer. Por eso es el perfil que peor lo tiene para madurar, puesto que intenta afirmarse en el único valor que no se puede mantener: la juventud.

La juventud, desde un punto de vista del crecimiento personal, es la etapa más determinante de la vida, porque en ella se decide la trayectoria vital del ser humano. Si la persona decide aceptarse y mejorar se orientará hacia la madurez, pero si quiere mantenerse joven sin ocuparse de nada más entonces se condena a una vida vacía y a un futuro neurótico. Y eso es lo que suele ocurrirle al Peter Pan narcisista cuando no es capaz de dejar de mirarse al espejo para dirigir su vista hacia el interior y encontrar allí los valores personales que pueden permitirle madurar.

Quien a partir de los cuarenta años, en lugar de dedicarse a potenciar sus capacidades, sólo se ocupa de conservar su atractivo, lo máximo que puede conseguir es convertirse en un hombre neurótico con aspecto de adulto y comportamiento de niño. Y aunque está claro que al narcisista le gusta más su apariencia que su esencia y que la juventud es un valor primordial para él, sería bueno recordarle que le convendría invertir parte de su tiempo en el desarrollo de otros valores personales, que le permitan entender que la única manera de aceptar que, con los años, se pierde el atractivo físico es desarrollar, en paralelo, el atractivo psicológico y la madurez personal.

Cuando un narcisista acepta lo que acabo de proponer su evolución positiva está asegurada; pero es difícil que lo asuma porque suele estar inmerso en un esquema de vida tan evasivo que le queda poco espacio para pensar, ya que llena todo su tiempo con actividades que suponen poco esfuerzo y mucha distracción. En ese sentido cualquier estrategia le sirve para evitar enfrentarse al gran problema del envejecimiento que él relaciona con la pérdida de su atractivo. Por eso busca afirmar la autoestima recibiendo el halago de las mujeres, aunque para conseguirlo no utiliza el modelo del seductor, ya que el narcisista tiene su propio estilo.

El narcisista no busca convencer sino impresionar, por eso utiliza el elemental esquema de exhibir lo que tiene. Y cuando es joven esa estrategia le va de maravilla porque como su máximo atractivo es el físico, no tiene más que dedicarse a mostrar sus encantos. Su campo de acción preferido es un lugar donde pueda lucir el cuerpo, como puede ser la playa o el gimnasio. Allí es donde puede desarrollar de forma adaptativa sus estrategias de seducción, aunque también el baile puede resultar un buen escenario, porque los narcisistas suelen ser buenos bailarines, aunque naturalmente eso no quiere decir que todos los buenos bailarines sean narcisistas. El baile es un lugar idóneo para el exhibicionismo en movimiento y allí encuentra el narcisista un escenario óptimo para lucir su figura y su forma física. Por ello, cuando no está en el gimnasio o viendo la televisión, es fácil localizarle en una discoteca porque es donde se dan las condiciones adecuadas para tener éxito con su perfil. Viste bien, tiene una sonrisa agradable y buena apariencia, es todo lo que necesita para enamorar a las mujeres sin hablar demasiado.

En el ámbito sexual el joven Peter Pan narcisista no precisa consumar sexualmente sus conquistas para sentirse bien, porque lo que le autoafirma es el éxito social y sabe que su gran baza es su físico. Por eso evita profundizar en las relaciones ya que teme defraudar a quien lo conozca íntimamente, puesto que no cree poseer otros valores más consistentes. Naturalmente eso no es cierto, al menos en el ámbito de la sexualidad, ya que suele resultar un buen amante porque tiene relaciones con mujeres de perfil semejante al suyo, con lo cual el atractivo físico recíproco está asegurado. Así pues, el problema del joven narcisista no es la falta de refuerzos positivos a su vanidad, sino su tendencia a instalarse en estilos de vida superficiales, compartiendo su existencia con personas parecidas a él, lo que dificulta su maduración personal.

Por ello no sorprende que uno de los principales problemas del Peter Pan narcisista es que cada vez encuentra menos mujeres dispuestas a conformarse con su atractivo porque la mayoría demandan otros valores más sólidos. Por eso, llega un momento en el que puede sentir la necesidad de madurar para que su seguridad no dependa exclusivamente de su físico. Y como no tiene, o cree no tener, otras virtudes, le cuesta encontrar la manera de afirmarse porque su atención suele estar repartida entre el espejo en el que espera seguir viéndose seductor y las pantallas de la tecnología de la evasión. Ésa es la razón que hace que le resulte difícil descubrir que él, como cualquier otra persona, tiene en su interior capacidades innatas que puede activar.

El Peter Pan intelectual

De la misma manera que el narcisista corre el riesgo de convertirse en esclavo de su imagen por miedo a envejecer, el Peter Pan intelectual puede cometer el error contrario: descuidar su imagen para dedicarse a utilizar su intelecto para intentar impresionar a los hombres y mujeres de su entorno.

Necesita impresionar a los hombres para neutralizar el agravio comparativo que suele producirle su valoración física negativa. Y necesita impresionar a las mujeres para que éstas lo encuentren interesante, ya que no es suficientemente maduro para entender que la seguridad no se alcanza exhibiendo los valores, sino utilizándolos adaptativamente para neutralizar los déficits. Por ello, y por seguir hablando en clave de contraste, el intelectual debería estar un poco más en el gimnasio y un poco menos en la biblioteca, de la misma manera que al narcisista le convendría lo contrario.

Pero como cada uno se autoafirma como puede y, por las mismas razones compensatorias que el seductor utiliza la seducción y el narcisista la exhibición, el intelectual tiende a hipertrofiar la erudición para intentar neutralizar sus carencias y ganar atractivo. El problema es que, aunque en principio la cultura puede considerarse una buena vía para desarrollar los valores relacionados con el autoconcepto, el intelectual comete el error de hacer demostraciones excesivas e inoportunas de sus conocimientos, con lo cual, en lugar de impresionar, corre el riesgo de quedar marginado porque las personas que le rodean se sienten incómodas con sus alardes.

Ese tipo de comportamiento provoca un efecto un tanto paradójico en su vida amorosa, puesto que mientras en la fase inicial de la relación le sirve para generar enamoramientos admirativos, es fácil que poco tiempo después, las mismas mujeres que se sentían seducidas por su inteligencia, se sientan saturadas de su prepotencia.

Comparando el riesgo que tienen el narcisista y el intelectual de ser aceptados o rechazados por su perfil, podríamos decir que el exhibicionismo del intelectual puede producir una mayor y más rápida saturación que el generado por el narcisista, porque el margen que tiene el intelectual para hipertrofiar sus valores es mucho mayor. Por decirlo de forma gráfica el narcisista difícilmente puede ser más guapo de lo que es. En cambio el intelectual tiene ante sí un escenario prácticamente ilimitado de recursos de autoafirmación, ya que siempre puede saber más de lo que sabe y además, como vive en un mundo que concede un gran valor a la cultura, es fácil que caiga en el error de exhibir sus conocimientos porque cree que todo su atractivo radica en ellos. Naturalmente su intención al actuar de tal manera es intentar autoafirmarse impresionando al auditorio. Pero como una cosa son las intenciones y otra los resultados, es muy habitual que produzca en sus acompañantes el efecto contrario al deseado y que, en lugar de ganar su afecto, consiga que le rechacen porque se sienten inferiores o abrumados.

Otro ámbito donde el Peter Pan intelectual puede perjudicarse es en la sexualidad, porque la misma necesidad que tiene de excederse en la demostración de su inteligencia a nivel cultural y social, para compensar la valoración negativa de su autoimagen, puede inducirlo a tomar la decisión de intentar satisfacer sexualmente a las mujeres para recibir de ellas su aprobación. Pero como el sexo practicado desde la voluntad siempre resulta perjudicial para el deseo, al poco tiempo el Peter Pan intelectual nota que cuanto más satisfecha está su pareja, más inhibido está él, y empieza a intuir que la única manera de invertir positivamente su inteligencia en la sexualidad es utilizarla para comprender que en la sexualidad no manda la voluntad sino el deseo.

Total, que cuando el joven Peter Pan intelectual nota que el ejercicio de su inteligencia en lugar de beneficiarlo lo está perjudicando entra en una fase crítica de autocuestionamiento porque debe tomar una decisión crucial: o administra su saber de forma adaptativa para socializarse mejor, o decide seguir hipertrofiando su perfil para acabar formando parte de ese reducido grupo de personas que se consideran distintas y superiores a las demás y que, como consecuencia, se creen con derecho a menospreciar a quienes no son tan inteligentes ni saben tanto como ellos.

Cuando llegan a ese punto los Peter Pan intelectuales corren el peligro de marginarse porque consideran que viven en una sociedad que no los entiende ni los merece, cuando lo único que les ocurre es que no han sabido integrarse en ella. Y en ese estado de inconformismo y resentimiento pueden permanecer indefinidamente, a no ser que tengan la suerte de encontrar una mujer que los valore y los comprenda. Entonces pueden cambiar radicalmente y emplear toda su energía en complacer a su pareja. Claro que eso depende en gran medida del tipo de pareja que encuentren, porque si tienen la mala fortuna de relacionarse con mujeres que, en lugar de ayudarlos a moderar su perfil, se dedican a estimular sus ambiciones, pueden llegar a creer que han sido elegidos por el destino para cambiar la sociedad, cuando lo que realmente les ocurre es lo contrario: pretenden cambiar el mundo porque no han acertado a cambiarse a sí mismos.

Ésa es en síntesis la problemática del Peter Pan intelectual. Son personas que proyectan su descontento interior hacia el exterior y que, en lugar de cambiarse a sí mismos para gustarse más, invierten su energía en el quimérico objetivo de cambiar la realidad para adaptarla a sus necesidades o, más exactamente, para subordinarla a sus deseos. Por ello, la versión más radical del joven Peter Pan intelectual es peligrosa para él y para la sociedad, porque puede acabar siendo un revolucionario que se empeña en cambiar el mundo por la fuerza, ya que no ha sido capaz de aceptarse a sí mismo desde el sentido común. Claro que en cuestión de autoaceptación tan malo es pasarse como no llegar. El intelectual puede convertirse en un resentido social porque se siente distinto y mejor que el conjunto de la sociedad. En cambio al Peter Pan servicial le ocurre lo contrario: precisamente porque se siente distinto y peor, se subordina a las demás personas para ser aceptado por ellas.

El Peter Pan servicial

Seguramente nadie elegiría ser un Peter Pan servicial, porque es evidente que es el perfil que más dificulta la autoafirmación, ya que es el que menos valores potenciales posee. No se siente atractivo, ni se considera competente y es, precisamente, el conjunto de esas limitaciones lo que se convierte en su tabla de salvación, puesto que, al creer que no tiene valores, no cae en el error de intentar utilizarlos para compensar su inseguridad.

Por eso, y al contrario de lo que pueda parecer, el Peter Pan servicial, a poco que lo ayude la suerte, tiene muchas posibilidades de autoafirmarse gracias al adaptativo camino que elige para ello, puesto que no sobreactúa ni intenta compensar sus defectos con sus virtudes. Eso, que en principio parece una desventaja, resulta en la práctica una ventaja porque acorta el ciclo de autoaceptación ya que no debe corregir el comportamiento frívolo del seductor, ni el exhibicionismo del narcisista, ni la demostración desmesurada de la erudición del intelectual. El servicial no debe moderar excesos porque cree que sólo tiene defectos, por eso suele ser modesto y no cae en los errores compensatorios que habitualmente cometen los Peter Pan de los demás perfiles.

Por fortuna su perfil lo ayuda a aprender pronto de la vida, precisamente porque la vida no le ha dotado de valores sobresalientes para compensar su déficit de autoestima infantil. Y puesto que no es especialmente guapo, ni alto, ni inteligente, ni destaca en nada que la sociedad valore como positivo, no le queda más remedio que «hacer de la necesidad virtud» y enseguida descubre que la mejor forma de ser amado es hacerse amable en el doble sentido de la palabra, o más exactamente por la sinergia que producen las dos acepciones del concepto, ya que al actuar de forma amable uno se hace digno de ser amado. Por esa razón el Peter Pan servicial es amable con todos: la familia, los amigos y las mujeres. Nadie escapa a su voluntad de ayuda y deseo de servicio, porque sabe que de esa manera los demás empezarán a valorarlo lo suficiente para que él pueda quererse un poco más.

Otra de sus grandes virtudes, al contrario de lo que le ocurre al seductor, es que suele ser un buen amante ya que su espíritu de servicio lo incorpora incluso a la intimidad. Para el Peter Pan servicial dejar a las mujeres satisfechas es una fuente de autoafirmación porque se demuestra a sí mismo dos cosas importantes: la primera, que es deseable, y la segunda que es sexualmente competente. Y ambos refuerzos resultan de gran utilidad para quien, además de déficit de autoestima, considera que tiene pocos valores y escaso atractivo. Por eso, es el Peter Pan que más caricias prodiga a sus amantes, ya que lograr la satisfacción de ellas potencia su propia satisfacción.

Tener por compañero sentimental a un Peter Pan servicial es lo mejor que le puede ocurrir a una mujer, puesto que será un buen amante y tendrá muchas probabilidades de que le sea fiel, no sólo porque su condición de servicial le hace ser coherente con sus compromisos, sino también porque siendo consciente de sus limitadas posibilidades procura cuidar a sus parejas. En cierto sentido, le ocurre lo contrario que al seductor. Éste, por tener más opciones, cuida poco a sus parejas y no le importa decepcionarlas. Es más, a veces eso le produce una inmadura satisfacción. En cambio el servicial, cuantas menos posibilidades tiene, más cuida las relaciones que mantiene.

Ésa es la gran virtud y el gran defecto del Peter Pan servicial, porque en la misma proporción que da, espera recibir, y si no elige adecuadamente a las personas de su entorno, quizá se aprovechen de él. Entonces es cuando puede convertirse en un resentido social parecido al intelectual, pero por razones opuestas. El intelectual cree que la sociedad no está a su altura y el servicial cree que él no está a la altura de la sociedad. Por eso actúa de forma que su comportamiento le haga apreciable y en lugar de refugiarse, como los demás perfiles, en esquemas evasivos que impiden madurar, emplea su tiempo en actividades formativas que le permiten aceptarse mejor. Así, en su tiempo libre en lugar de alternar para enamorar como el seductor, o de cuidarse para deslumbrar como el narcisista, o de exhibir conocimientos para impresionar como el intelectual, el servicial se dedicará a estudiar idiomas que le permitan ampliar su capacidad de comunicación o se apuntará a una ONG para sentirse útil a la sociedad, porque lo que él necesita, por ser tan amplio y general, no puede cubrirlo por la vía de la compensación y eso le hace elegir la estrategia de la superación. Por esa vía mejora su autoestima, porque gracias a su comportamiento amable, altruista y solidario, y en virtud de su propio esfuerzo, recibe afecto y reconocimiento. Y la consecuencia natural de ese proceso es que logra mejorar lo suficiente en todos los ámbitos porque tiene mucho margen para superarse en todo.

Tal como he descrito el perfil, parece que el Peter Pan servicial, a pesar de ser el que dispone de menos valores para autoafirmarse, es el que tiene el camino más cómodo, pero evidentemente no es así. A nadie le gusta sentirse menos guapo que los guapos y menos listo que los listos. Por ello conviene precisar que su camino, más que cómodo, es directo y no admite ambigüedades. Si pudiera elegir, él mismo preferiría pertenecer a cualquiera de los otros tres perfiles, antes que aceptarse en el de servicial, pero como no es posible, se esfuerza y convierte todo lo que no le gusta de sí mismo en un estímulo para mejorarse que suele producirle grandes réditos. El problema es que el Peter Pan servicial no siempre tiene la fuerza y la voluntad suficiente para alcanzar su propósito y, cuando no logra autoafirmarse, es el perfil que sale peor parado del proceso. En un mundo clasista, competitivo y narcisista como el nuestro los menos dotados quedan en el vagón de cola del tren social, y allí es donde terminan los Peter Pan serviciales que tienen la desgracia de caer en manos de personas que se aprovechan de su bondad y espíritu de servicio, intentando autoafirmarse por el pueril sistema de dejarse mimar por el servicial y encima hacerle creer que le están haciendo un favor al obsequiarle con su compañía.

REFLEXIONES PARA JÓVENES CON FUTURO

Como puede desprenderse de lo que acabo de relatar, cada joven Peter Pan avanza por el camino de la vida entre dudas e incertidumbres hasta que logra madurar o acaba neurotizado. Cada perfil tiene sus limitaciones y posibilidades y, al mismo tiempo, cada sujeto puede encontrar la manera de evolucionar, madurar y ganar seguridad.

El problema es que todas las variantes del joven Peter Pan tienen tanta necesidad de ser queridos que en lugar de pararse a pensar cuál es el camino adecuado para conseguirlo, se dedican a utilizar irreflexivamente sus valores hacia fuera, en lugar de dirigirlos hacia dentro como les convendría para neutralizar su déficit afectivo. Por ello el mensaje que quiero transmitirles es que reflexionen sobre las estrategias de autoafirmación que están utilizando, porque seguramente llegarán a la conclusión de que les resultará más fácil madurar si, en lugar de hipertrofiar sus valores, se dedican a corregir sus defectos. El seductor utilizando más adaptativamente sus potenciales. El narcisista dedicando parte de su tiempo y energía a desarrollar otras cualidades que pueda poseer. Y el intelectual no desperdiciando su inteligencia estérilmente y procurando invertirla en la investigación del origen de sus conflictos. Incluso el servicial puede elegir un camino adecuado para ganar seguridad, puesto que al ser el menos dotado de virtudes, es el que tiene más margen para mejorar.

Es más, si clasifico el perfil de los más de doscientos hombres Peter Pan que han pasado por mi consulta y valoro el grado de madurez alcanzado durante el proceso terapéutico, aparece en primer lugar el seductor, en segundo el servicial, en tercero el intelectual, y en cuarto el narcisista.

No puedo asegurar si fuera del ámbito clínico podría establecerse el mismo orden, pero me inclino a creer que los resultados obtenidos con apoyo psicológico son fácilmente extrapolables a nivel general, puesto que es lógico que quien tiene mayor potencial y mayor necesidad consiga los mejores resultados en su desarrollo personal. Por eso el seductor, cuando administra adecuadamente sus valores, se convierte en una persona madura y autorrealizada; de la misma manera que lo consigue el servicial al aceptar con espíritu de superación sus limitaciones y afanarse en mejorar por todos los medios a su alcance. En cambio, el intelectual tiene una trayectoria más irregular porque depende de si es capaz de utilizar su inteligencia para desmontar sus mecanismos de defensa, o de si se inclina por considerarse un ser superior condenado a vivir en un mundo mediocre que no sabe comprenderle. De todos modos, a quien más le cuesta evolucionar por razones comprensibles es al narcisista ya que, siendo su fuente de autoafirmación el mantenimiento de su atractivo físico, le cuesta aceptar que deba apoyarse en otras cualidades puesto que no cree poseerlas.

Bien, creo que ya he facilitado suficientes datos para que, quien lo desee, pueda utilizar alguno de los modelos propuestos para decidir el tipo de estrategia que le conviene para superar su situación y evolucionar hacia la madurez. Pero antes de iniciar tan trascendental tarea debe quedar claro que desde el caso más simple al más cronificado, y del perfil más favorable al menos dotado, todo ser humano tiene la capacidad de mejorarse si es capaz de activarse y confiar en sus posibilidades. Naturalmente no todos están en la misma situación, ni tienen los mismos potenciales, ni concurren en ellos iguales circunstancias, pero todos tienen en común su condición de seres humanos libres y perfectibles. Así pues, sólo hace falta que asuman esa doble facultad y que actúen en consecuencia.

6

Peter Pan puede crecer

> La educación es el desarrollo en el hombre
> de toda la perfección de que su naturaleza
> es capaz.
>
> IMMANUEL KANT

Cuando me preguntan cuál es el mejor momento para crecer psicológicamente siempre contesto que tan pronto como dejamos de hacerlo físicamente, porque en ese instante queda establecida nuestra imagen adulta y podemos empezar a desarrollar nuestros valores para mejorarnos como personas. Planteando esa oportunidad en el lenguaje que he creado para mi teoría de la seguridad personal, podríamos decir que cuando queda establecida la autoimagen es cuando podemos empezar a desarrollar el autoconcepto para, a través de él, intentar corregir el déficit de autoestima y ganar seguridad personal.

La necesidad de mejorar la siente, en mayor o menor grado, la inmensa mayoría de las personas. Todo el mundo tiene cierta conciencia de imperfección y suficiente intuición para entender que siempre es posible superarse en algo. Por tanto, y hablando en un sentido potencial, es evidente que la facultad de hacerse mejor es asequible a todo aquel que se lo proponga y tome la decisión de pasar a la acción. Ahora bien, si la cosa fuera tan fácil, supongo que no existirían tantas personas inmaduras ni neuróticas, ni tantos problemas psicológicos. Pero como cada vez es mayor el número de individuos que se reconocen inseguros y no saben cómo mejorar, creo que es pertinente reflexionar sobre las razones por las cuales unas personas consiguen madurar y otras pasan de la inmadurez a la neurosis y de la neurosis a la autodestrucción.

Personalmente, en mi condición de psicólogo humanista, parto de la base de que todos podemos madurar; pero también es cierto que la propia experiencia clínica me ha demostrado que no siempre es así y que muchas personas no encuentran el modo de superar sus complejos ni de resolver sus problemas. Y eso es especialmente cierto en el caso de los jóvenes Peter Pan, porque en ellos concurren dos requisitos que dificultan sobremanera su maduración personal. El primero, es el problema de autoestima que les ha provocado su déficit afectivo infantil. Y el segundo es que, como consecuencia del modelo educacional permisivo en el que han crecido, no están preparados para renunciar al esquema evasivo en el que se han refugiado. Por eso la finalidad principal de este capítulo es la de conseguir que los hombres Peter Pan se convenzan de que es posible crecer, y de que la principal razón por la que no quieren hacerlo es que no se sienten preparados para acometer la tarea. De esa manera su problema ya no consistirá en no querer ni en no poder, sino en no saber crecer, lo cual es muy distinto y mucho más fácil de resolver. Por tanto, para facilitar el cambio de percepción de su propia situación, les voy a proponer un método de autoanálisis que adecuadamente utilizado les permitirá convertirse en terapeutas de sí mismos y les indicará el camino que conduce a la madurez.

Ciertamente hay muchas maneras de ayudar a que las personas desarrollen sus capacidades. Pero yo sólo hablaré de mi propio sistema, por dos importantes razones. La primera es que lo considero muy adecuado para favorecer el crecimiento de los hombres Peter Pan, y la segunda, porque es fácil de entender, lo cual es una ventaja importante. Así pues, para empezar a desarrollar mi método me referiré en primer lugar al sistema PAN, una fórmula ideal para que las personas aprendan a resolver sus problemas con su propio esfuerzo.

El sistema PAN

Es como se conoce en castellano la parte del Análisis Transaccional que explica de forma magistral cómo se relacionan psicológicamente las personas consigo mismas y con las demás. Pero antes de exponer cómo funciona, quiero recordar que el sistema no es mío sino que fue ideado por el médico y psicólogo estadounidense de origen canadiense Eric Berne (1910-1970) en la década de los cincuenta, y adquirió notoriedad pública en 1958 cuando el *American Journal of Psychotherapy* publicó su artículo: «*Transactional Analysis: a new and effective method of group therapy*» («Análisis Transaccional: un nuevo y efectivo método de terapia de grupo»). Por tanto, quiero expresar mi agradecimiento a Berne por haber elaborado un modelo tan sencillo de explicar el funcionamiento psicológico, y pido disculpas a los actuales seguidores de su escuela por utilizar sus principios de una forma un tanto heterodoxa. Espero y deseo que interpreten mi licencia como un reconocimiento a la utilidad que ofrece su método para facilitar los procesos de maduración personal. Una vez realizadas estas puntualizaciones, paso a explicarles los principios básicos del sistema.

El Análisis Transaccional parte de la base de que todas las personas poseen, a nivel psicológico, tres elementos que interactúan entre sí y que determinan el comportamiento, a los que denomina Padre, Adulto y Niño. Dentro de su código expresivo representan con un círculo cada uno de los tres componentes y los escriben con mayúscula para diferenciarlos del padre, del niño y del adulto como figuras parentales y estados del sujeto. Por esta razón, a partir de ahora cuando me refiera a lo que Berne definía como estados del yo, utilizaré las mayúsculas y cuando hable del padre como vínculo familiar, o del adulto y del niño como etapas de la vida de una persona, seguiré utilizando las minúsculas.

De acuerdo con esas convenciones veamos cómo funciona el sistema PAN y el papel que juegan el Padre, el Adulto y el Niño en la estructura y desarrollo de la personalidad, y en la orientación del comportamiento. El Padre aporta al individuo toda la información relativa a las normas de conducta y le impone unas limitaciones de acuerdo con las convenciones sociales, los principios legales, los códigos morales y las creencias religiosas imperantes. El Adulto se encarga de procesar la información recibida del Padre y del mundo exterior, y decide hasta qué punto debe respetar sus consignas. Y el Niño simboliza la parte infantil del sujeto que intenta satisfacer sus necesidades básicas y disfrutar de la vida sin hacer demasiado caso a lo que le prohíbe el Padre.

Por tanto, el Padre representa a los propios padres y a las normas establecidas. El Niño es la parte instintiva y se guía por el principio de placer. Y el Adulto actúa de intermediario y decide si hace caso al Padre o satisface al Niño. Si la persona siempre hace caso al Padre será una persona frustrada y reprimida que, por hacer siempre lo que debe, nunca hará lo que quiere. Pero si el individuo siempre hace caso al Niño será una persona frívola e inmadura que, por hacer siempre lo que quiere, nunca hará lo que debe. Por consiguiente, ser maduro es tener un Adulto lo suficientemente desarrollado como para satisfacer al Niño sin entrar en conflicto con el Padre. Y eso sólo es posible cuando la persona logra educar a su Niño gracias a la ayuda que recibe de su Padre y de su Adulto. Para que quede clara la distinta predominancia del Padre, del Adulto y del Niño en cada uno de los tres supuestos, utilizaré los círculos característicos del Análisis Transaccional y reflejaré en ellos cómo cambia su dimensión en cada caso.

Creo que los dibujos ilustran gráficamente el funcionamiento del sistema. La persona reprimida tiene un Padre grande y un Niño pequeño. La persona inmadura tiene un Niño grande y un Padre pequeño. Y la persona madura tiene un

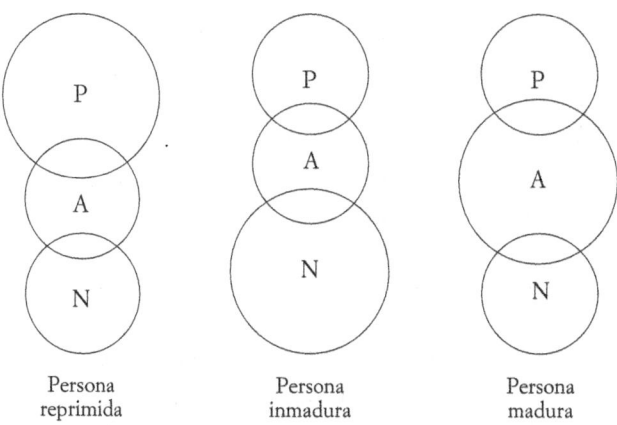

FIGURA 4. Cuadro comparativo de la dimensión del Padre, del Adulto y del Niño en la persona reprimida, la inmadura y la madura.

Adulto grande al que quedan subordinados el Padre y el Niño. Situando la cuestión en el ámbito que nos interesa, que es el de la problemática de los jóvenes Peter Pan, podemos decir que Peter Pan no es un reprimido sino todo lo contrario, porque en él no predomina el Padre sino el Niño, por eso quiere vivir para siempre en el País de Nunca Jamás.

Partiendo de esa situación, si usted se considera, en mayor o menor grado, un joven Peter Pan ha de hacer cuatro cosas para madurar:

1. Aceptar que es inmaduro.
2. Creer que puede madurar.
3. Tomar conciencia de a qué variante de joven Peter Pan pertenece en función de su autoimagen y su autoconcepto.
4. Iniciar el viaje a la madurez aceptando sus limitaciones y confiando en sus posibilidades.

Acabo de marcar una hoja de ruta con cuatro etapas y supongo que muchos de ustedes estarán pensando si les conviene iniciar el viaje. Comprendo sus dudas, porque uno de los grandes problemas del hombre Peter Pan es precisamente que tiene miedo a volar hacia el futuro y por eso se queda revoloteando alrededor del nido familiar, o se refugia —cuando le hace falta—, en la isla de los piratas junto a otros niños perdidos.

A quienes se sientan cómodos en esa situación no puedo ofrecerles nada; pero a todos aquellos que tengan una cierta inquietud y un mínimo deseo de evolucionar puedo asegurarles que, si ellos quieren, están en condiciones de iniciar un viaje tanto o más interesante que el que los llevó al País de Nunca Jamás, porque allí para jugar han de pagar el precio de no crecer. En cambio, si viajan hacia su propio proceso de maduración personal podrán seguir jugando toda la vida. Claro que será un juego distinto, dirigido por su Adulto autoconsciente y supervisado por su Padre comprensivo. Pero les aseguro que ese juego es enormemente gratificante, porque cuando la persona descubre que superarse puede ser un placer nunca deja de jugar porque ya no quiere dejar de mejorar. Si desean experimentar esa sensación sólo han de convertirse en maestros de sí mismos y aprovechar todas las cualidades que tiene su Niño para aprender.

El Padre y el Adulto educan al Niño

Como hemos visto en la figura 4, la persona inmadura tiene un Niño grande, un Padre pequeño y un Adulto poco desarrollado, por tanto, si queremos educar al Niño, no nos queda más remedio que propiciar una alianza entre el Padre y el Adulto para que intenten convencer al Niño de que debe cambiar su estilo de vida porque ya no resulta adecuado para su edad. El problema es que la tarea no resulta fácil porque el Niño está acostumbrado a satisfacer sus caprichos y cuando no puede hacerlo se refugia en la fantasía. Por ello, lo primero que deben conseguir —el Padre y el Adulto— es que el Niño interiorice un mayor respeto por la realidad y una cierta contención en la satisfacción de sus necesidades. Y para lograr ese objetivo vamos a informarles de los recursos con los que cuentan para cumplir con su misión educativa.

Ya he señalado antes que el Padre marca las normas y el Adulto procesa la información; por tanto lo que deben hacer ambos es averiguar cuáles son las características que debe poseer un buen padre externo y tomarlas como referente operativo. Pero para ahorrarles ese trabajo de investigación, y puesto que este libro está escrito desde un Adulto que tiene un Padre dialogante, he decidido dibujar el perfil de las características que debería poseer un buen padre.

Características de un buen padre

- Afectivo: en grado suficiente para que el hijo se sienta cálidamente querido, lo cual supone prodigarle, con cierta regularidad, caricias físicas y verbales.
- Protector: en la medida justa para que el hijo se sienta seguro en su compañía, pero sin que eso signifique limitar el desarrollo de su autonomía.
- Educador: hasta el punto de que permita interiorizar en el hijo las normas sociales que deben regular su vida de adulto.
- Normativo: en forma tal que facilite, en su hijo, el desarrollo de un Adulto capaz de limitar las exigencias de su Niño a lo socialmente aceptado.
- Comprensivo: para estar en condiciones de entender que educar no es fácil y que su hijo necesita tiempo, paciencia y normas claras para convertirse en adulto.

Naturalmente si el joven hubiera tenido un padre como el que acabo de describir, ahora no sería un Peter Pan, pero como no lo tuvo, o no cumplió adecuadamente su función, no le queda más remedio que empezar a desarrollar su Padre interno incorporando esos referentes de comportamiento para hacerle entender al Niño que la mejor manera de garantizarle las gratificaciones futuras es que sus peticiones sean razonables. Por eso es imprescindible que el Niño acepte que crecer no es una mala elección si uno es capaz de convertirse en un buen adulto. El problema es que, para que el proyecto le resulte estimulante, debemos ofrecerle un modelo adecuado de persona adulta. Y ahí es donde radica la gran dificultad, porque cuando los jóvenes miran el mundo que los rodea ven una realidad que no les gusta, llena de personas en conflicto cargadas de problemas que no saben cómo afrontar.

Por ello conviene recordarles que existe también otro referente de identificación compuesto por otro tipo de personas que resuelven positivamente sus conflictos y que, gracias a ello, se convierten en personas maduras. Cierto que son una minoría, pero precisamente por ello son más fáciles de identificar. Las podrán distinguir con precisión, porque al tratar con ellas notarán que en lugar de hablar de sus problemas están receptivas a escuchar los ajenos. Por esa razón las propongo como referente para el desarrollo del Adulto del joven Peter Pan ya que, justamente porque ahora debe convertirse en Padre de sí mismo, necesita encontrar un buen guía que facilite su evolución.

Y como no hay un perfil universal de hombre maduro válido para todos, porque cada joven tiene carencias distintas y posibilidades diferenciadas, creo que lo mejor es aconsejarles que, en lugar de buscar un padre ideal, utilicen una estrategia, mucho más asequible y realista: tomar la parte buena de todas aquellas personas que puedan resultarles válidas para desarrollar su Adulto, porque de esta manera, eligiendo selectivamente buenos modelos, se estarán construyendo un modelo interno adecuado.

De acuerdo con esa propuesta de estimular el desarrollo de los valores y potenciales del joven Peter Pan, proponiéndole la identificación selectiva con distintas figuras parentales positivas, voy a señalar cuáles son los principales rasgos que caracterizan a las personas maduras según el orden en que se van desarrollando.

Rasgos básicos de la persona madura

- Autónoma: Como su Adulto se va desarrollando es capaz de dialogar mejor con su Padre y con su Niño, y después decide, en sintonía con ellos, lo que mejor le conviene; por eso se siente cada vez más autónoma.
- Coherente: Al implicar en sus decisiones al Niño y al Padre, y decidir desde el Adulto, resuelve sus contradicciones internas y gana coherencia, lo cual le hace aumentar su seguridad.
- Responsable: Es la consecuencia natural del comportamiento autónomo y la coherencia interior, puesto que en esas condiciones su Adulto es capaz de asumir las consecuencias de sus actos, independientemente de si están a la altura de sus expectativas.
- Segura: Como es autónoma, coherente y responsable, su Adulto es cada vez más sólido, lo cual le ayuda a comportarse de forma estable, fiable y previsible, y le permite asimilar los éxitos y los fracasos sin que le afecten en exceso.
- Adaptable: Es la expresión social de los cuatro rasgos anteriores y su gran valor relacional, puesto que es capaz de sentirse cómoda, en situaciones muy distintas, sin tener la necesidad de cuestionarse a sí misma ni cuestionar a los demás.

Viendo cuáles son los rasgos de las personas maduras, se entiende perfectamente que los proponga como modelo para estimular el proceso de maduración de los jóvenes Peter Pan, sobre todo teniendo en cuenta que, aunque ellos estén lejos del perfil, la mayoría lo encuentran adecuado, porque intuyen que si tuvieran tales rasgos todas sus dificultades quedarían resueltas. El problema es que el proceso de maduración opera de forma inversa: las personas no resuelven sus problemas porque son maduras, sino que llegan a ser maduras porque aprenden a resolver sus problemas. Por tanto, evolutivamente hablando, la madurez no es más que la superación de la inmadurez. Es importante tener presente esta idea-fuerza porque, adecuadamente interiorizada en el Niño, es la que va a permitir que los hombres Peter Pan puedan volver del País de Nunca Jamás y que los jóvenes jamás quieran ir a ese País.

El Niño que acepta ser educado

El gran problema del Niño del joven Peter Pan es que sólo piensa en evadirse de la realidad y en divertirse porque tiene miedo a crecer. Por eso, para madurar, necesita la alianza de su Padre y de su Adulto, para que éstos puedan convencerlo de que debe dejarse educar porque es bueno para él. Y la mejor forma de conseguirlo es hacerle entender que, en su condición de persona inmadura, sólo tiene dos caminos a seguir: evolucionar hacia la madurez o evolucionar hacia la neurosis.

Planteada la disyuntiva en esos términos lo natural sería que todo el mundo eligiera el camino de la madurez. Pero en la práctica la elección no es tan fácil como parece porque, para madurar se requiere un cierto esfuerzo y en cambio para neurotizarse basta con no hacer nada y dejar que la suma de años y conflictos produzcan su efecto. Y como al inmaduro le resulta más cómoda la inactividad que el esfuerzo del cambio, algo deberemos ofrecerle a su Niño para que acepte voluntariamente madurar.

Por eso necesitamos que tanto el Padre como el Adulto le hagan llegar al Niño una oferta atractiva para que acepte limitar sus satisfacciones y reducir sus demandas, hasta hacerlas aceptables para su Padre. El problema es que como el Padre es débil y el Adulto todavía no está suficientemente desarrollado, deberemos recordarles a ambos que vuelvan a leer las características de un buen padre de la pág. 120 y los rasgos básicos de la persona madura de la pág. 122 para que les sirva de guía de referencia y los ayude a exponerle al Niño una relación de los beneficios que obtendrá si acepta perder parte de su poder. Claro que para conseguir que el Niño acepte deberán ser capaces de activar las muchas y buenas cualidades que éste posee para evolucionar hacia la madurez. Por consiguiente y puesto que la tarea educativa que van a realizar el Adulto y el Padre debe permitirla el Niño, vamos a informar al joven Peter Pan de las grandes capacidades que tiene su Niño para ser educado.

Capacidades del Niño del joven Peter Pan

- Aprender: Aunque es común a todos los Niños de todas las personas, en su caso es la característica más destacada porque se ha divertido mucho pero ha aprendido poco. Por eso está en condiciones de incorporar una gran cantidad de conocimientos y enseñanzas.
- Obedecer: Es el gran reto del joven Peter Pan. No olvidemos que en su infancia estuvo tan consentido como necesitado de afecto, y que no aprendió a disciplinarse. Por fortuna, su Niño guarda la suficiente información para saber que crecer significa aceptar las pautas del mundo de los adultos y ello facilita que su Padre pueda ejercer de educador.
- Mejorar: Sin ayuda de sus mayores los niños no podrían subsistir. Eso lo sabe el Niño del joven Peter Pan y gracias a ello puede ser humilde y pedirle a su Padre que lo ayude a educarse y a mejorar.

- Rectificar: Es otra gran cualidad de la infancia que posee también el Niño del joven Peter Pan y que puede utilizar para cambiar de conducta cuando su Adulto y su Padre le dicen que no está actuando correctamente.
- Jugar: Junto a la de aprender es la más importante de las capacidades infantiles; por eso su Niño debe conservarla y utilizarla para liberar presiones, evadirse de los conflictos y superar dificultades. Claro que si pretende ser un Niño educado, deberá aprender que el tipo de juego y la oportunidad de practicarlo debe decidirlo el Adulto.

Después de todo lo expuesto y teniendo en cuenta la capacidad de enseñanza y aprendizaje que posee, está claro que el joven Peter Pan reúne todas las condiciones para convertirse en un adulto autorrealizado, capaz de dar y recibir amor desde la madurez. Por un lado, su Padre dispone de suficiente información para establecer referentes educativos fiables. Por otro, el Adulto puede inspirarse, para ejercer su función, en el modelo de comportamiento que caracteriza a las personas maduras. Y por último, el Niño sabe que dispone de un gran potencial de aprendizaje y conoce cuáles pueden ser los beneficios que obtendrá si acepta ser educado. En esas condiciones no es difícil que el Niño asuma la propuesta que le presentan el Padre y el Adulto y que los tres juntos decidan iniciar su viaje hacia la madurez.

7
Terapia vital para Peter Pan

> Las pequeñas acciones de cada día son las que hacen o deshacen el carácter.
>
> Oscar Wilde

Siempre he defendido la idea de que la madurez no es más que la asimilación positiva de los acontecimientos negativos de la vida. Por tanto, es imposible que una persona joven sea madura porque todavía no ha tenido tiempo para ello. Madurar no es algo que venga de golpe y porrazo, sino más bien —si me permiten el juego de palabras— es algo que llega después de un montón de porrazos y golpes. Y, para ser más preciso, les diré que la maduración sólo se produce cuando esas experiencias sabemos asimilarlas positivamente y extraer de ellas las lecciones oportunas.

Partiendo de esa base y puesto que el Niño del joven Peter Pan no está en condiciones de realizar grandes esfuerzos, he de proponerle un sistema de crecimiento que con poco sacrificio produzca mucho beneficio. Y esto es lo que va a encontrar en este capítulo: un programa de autoayuda, fácil de aplicar, creado específicamente para favorecer su crecimiento.

El programa está inspirado en los postulados básicos de la Terapia Vital y, antes de ofrecérselo a usted, ya ha demostrado su eficacia en centenares de personas con problemáticas similares a la suya. Ésa es la razón que me ha inducido a realizar esta versión divulgativa que lo ayudará a convertirse en el principal impulsor de su propio crecimiento. Pero antes de hablarle de sus principales características, haré un poco de historia del método terapéutico que le sirve de base.

La Terapia Vital es el nombre con el que bauticé, en el año 2004, la metodología terapéutica que había creado como resultado de la influencia de distintas escuelas de origen psicoanalítico, las principales ideas-fuerza de mis libros de autoayuda y los aspectos que me resultaban más útiles de la psicoterapia centrada en el cliente de Carl R. Rogers y del Análisis Transaccional de Eric Berne.

Partiendo de esos referentes nació mi método y desde él, he diseñado un programa de autoayuda para hombres Peter Pan consistente en utilizar el sistema PAN al servicio del Adulto para que éste decida las estrategias adecuadas para madurar. A la manera de utilizar el sistema PAN para favorecer el crecimiento lo llamo *diálogo interior*, a las estrategias que sirven para madurar las denomino *conductas de autoafirmación*, y la fórmula que propongo para verificar que una acción o decisión está, realmente, al servicio del Adulto es que, al realizarla, genere *sentimiento de congruencia*.

Con los tres conceptos que acabo de subrayar he construido un esquema de fácil aplicación que resulta especialmente adecuado para favorecer el crecimiento del joven Peter Pan, ya que tiene en cuenta su fragilidad emocional. Y puesto que no está en condiciones de realizar grandes esfuerzos porque su Adulto es débil, antes de adentrarnos en el conocimiento del método, le recomiendo que tome la lectura como un divertimento psicológico y verá como su Niño experimenta una serena satisfacción.

El diálogo interior

Hablar con uno mismo y más exactamente hacer que el Padre, el Adulto y el Niño cambien impresiones sobre lo que es conveniente para la resolución de nuestros problemas y el desarrollo de nuestras facultades, no es sólo el primero de los tres ejes del programa de autoayuda que les propongo sino que es también uno de los ejercicios psicológicos más estimulantes que puede realizar el ser humano para ayudarse a sí mismo. Y puesto que mi pretensión es que usted desarrolle óptimamente esa capacidad, voy a explicarle, lo mejor que pueda, en qué consiste.

Dentro del contexto de la Terapia Vital califico de diálogo interior *todo aquel intercambio de puntos de vista entre el Padre, el Adulto y el Niño a través del cual la persona aprende a que las decisiones se tomen desde el Adulto o a favor de él*. Por tanto, consiste en una conversación a tres bandas en la que el Padre sale reforzado, el Adulto desarrollado y el Niño educado.

Para favorecer la comprensión de cómo debe estructurarse ese complejo proceso interno, voy a pedirle que se convierta en alumno de una escuela en la que usted es, a la vez, maestro de sí mismo, y de esta manera le resultará más fácil entender el papel que juegan su Padre, su Niño y su Adulto en el diálogo interior.

- El Padre es el maestro aunque, como no está preparado para ejercer su función, debe buscar el apoyo del Adulto para que lo ayude a encontrar referentes externos que le permitan desarrollar las características de un buen padre: afectivo, protector, educador, normativo y comprensivo.

- El Adulto es la escuela, el alumno y, al mismo tiempo, el maestro. Es la escuela porque es donde se produce el aprendizaje, es el alumno porque es quien se beneficia de la enseñanza, y es el maestro porque es el que analiza y valora la información que recibe del Padre, y en función de ello, acepta todo lo que es bueno para su propio desarrollo y lo que le sirve para educar a su Niño.

- El Niño es el alumno que necesita ser educado y sentirse valorado, porque arrastra un déficit afectivo desde la infancia que se expresa en demandas caprichosas y conductas inmaduras. Por fortuna posee cinco capacidades básicas: aprender, obedecer, mejorar, rectificar y jugar. Y estas facultades, adecuadamente estimuladas, pueden permitirle una espectacular evolución hacia la madurez.

Sabiendo, por tanto, cuáles son las características y funciones de cada una de las partes implicadas en el diálogo, se trata simplemente de que el Adulto escuche las demandas del Niño para plantearse hasta qué punto debe satisfacer sus necesidades. Cuando el Padre y el Adulto coinciden en que las peticiones del Niño son inadecuadas para su desarrollo, el Adulto debe negarle al Niño la satisfacción. De esa manera la persona estará mejorando su capacidad de resistencia a la frustración y evolucionando hacia la madurez.

Para que se entienda, de forma práctica, cómo funciona el diálogo interior y cómo puede utilizarse al servicio de la maduración personal, voy a plantear dos formas distintas de resolver una misma situación.

Imaginemos a un joven Peter Pan que debe decidir entre salir a divertirse con sus amigos o quedarse en casa estudiando. Ante esa disyuntiva lo lógico es que su Padre se incline por el estudio y su Niño por salir con los amigos. Entonces es cuando el Adulto debe dialogar con el Padre y con el Niño para escuchar sus argumentos antes de decidir. Si los argumentos del Padre le hacen ver que últimamente se divierte demasiado y estudia muy poco, lo más probable es que el Adulto decida a favor del Padre con un razonamiento parecido al siguiente: «Creo que estoy saliendo demasiado. Voy a quedarme en casa porque si no estudio, no aprobaré el examen».

Ahora imaginemos el mismo caso pero con un Adulto que dispusiera de la información necesaria para razonar de la siguiente manera: «Como llevo todo el año estudiando y tengo el examen bien preparado creo que me puedo permitir salir con los amigos». Si interpretamos ambas decisiones, desde un punto de vista de su utilidad madurativa, llegaremos a la conclusión de que en el primer caso lo adecuado es hacer caso al Padre y en el segundo dar satisfacción al Niño. En los dos supuestos, lo que ha hecho el Adulto es procesar la información aportada por el diálogo interior y decidir en beneficio de su propio equilibrio y desarrollo. Por tanto, lo relevante para madurar no es la conclusión del diálogo sino los argumentos que nos conducen a ella. En este supuesto hemos visto cómo el Adulto, en función de las circunstancias valoradas, puede decidir dos cosas antagónicas, siendo ambas adaptativas, porque la misión del Adulto no es dar la razón al Padre ni satisfacer al Niño, sino optar por lo que resulta más conveniente para su propio fortalecimiento.

Por si no han quedado suficientemente claros los mecanismos que orientan al diálogo interior hacia una decisión adecuada para el desarrollo del Adulto, pondré otro ejemplo relacionado con una problemática que se da, con mucha frecuencia, entre parejas jóvenes.

Supongamos el caso de un enamorado que se encuentra en la encrucijada de asimilar que su pareja le dice que quiere dejar la relación porque ha perdido la ilusión. En esa situación el Adulto está intentando procesar la información mientras el Niño sufre porque no acepta su contenido. Por ello, ambos recurren al Padre para pedir consejo y decidir lo que deben hacer, lo cual origina el siguiente diálogo interior:

> PADRE: «Si ella no te quiere has de aceptarlo, pero es una lástima que la pierdas porque creo que es una chica adecuada para nosotros (Padre, Adulto, Niño).»
>
> NIÑO: «No puedo estar sin ella. ¿Por qué me deja, si yo la quiero mucho? Intentaré convencerla para que no me deje.»
>
> ADULTO: «No sé qué hacer. ¿Por qué me afecta tanto que me deje? ¿Mi problema es que la quiero mucho o es que no puedo aceptar que me abandonen porque mi Niño es débil? ¿Tiene razón mi Padre cuando dice que es una mujer adecuada para nosotros? ¿He de respetar su decisión o he de procurar convencerla para continuar la relación?»

Evidentemente, cuantas más preguntas se haga el Adulto más posibilidades tiene de que la respuesta sea razonada y razonable; pero como ya hemos visto que el joven Peter Pan tiene un Niño grande, un Padre pequeño y un Adulto poco desarrollado, lo más probable es que el sujeto actúe desde el Niño, bien insistiendo en continuar la relación o bien pensando que su novia no lo merece y cortando radicalmente con ella.

Supongo que con este ejemplo queda claro que lo determinante para madurar no es si el joven acepta la ruptura o intenta reconquistar a su pareja, sino los razonamientos que lo llevan a una u otra opción y las conclusiones que extrae de las preguntas que se hace a sí mismo. Si actúa desde el Adulto o a favor de él, decida lo que decida estará madurando, pero si se autoengaña y busca compulsivamente recuperar a su pareja, o alejarse reactivamente de ella, entonces el Niño, en lugar de aprender y educarse, corre el peligro de cronificar su inmadurez.

Ahora bien, ¿cómo podemos tener la seguridad de que quien decide es el Adulto? ¿Cómo podemos averiguar que no es el Niño el que está dándole argumentos inmaduros al Adulto para que caiga en la trampa y actúe según a él le conviene? ¿Cómo podemos confirmar que realmente el diálogo interior está al servicio de la maduración?

Para responder a estos interrogantes les voy a proponer un método de verificación psicológica que sirve para ratificar que las conclusiones del diálogo interior cumplen su función de guiar a la persona hacia la madurez. Es el segundo eje del programa de autoayuda que les propongo y lo he titulado sentimiento de congruencia.

El sentimiento de congruencia

Hay muchas formas de definir la congruencia pero sólo hay una manera de sentirla. Para definirla se utilizan conceptos tales como: estar de acuerdo con uno mismo, neutralizar las contradicciones internas, o ser coherente con los propios pensamientos. Pero como ya sabemos que tan propios son los pensamientos del Padre como los del Adulto o los del Niño, voy a intentar que mi definición de la congruencia sirva a la vez para poder identificarla y alcanzarla. Para ello, la formulación que les propongo es: *sensación de bienestar psicológico que se produce cuando una determinada acción o decisión se ha tomado desde el Adulto después de un diálogo interior suficiente y sincero.*

Hecha la definición, y puesto que lo que pretendo es facilitar su consecución, señalaré que el sentimiento de congruencia se experimenta y se refuerza cada vez que el sujeto nota que el Adulto ha tomado la decisión que mayor coherencia interna le produce, después de que su Padre, su Adulto y su Niño han clarificado sus respectivas posiciones. Esa conciliación interior es la que genera el sentimiento de congruencia, porque significa que el Niño ha sido capaz de escuchar las recomendaciones de su Padre y los argumentos de su Adulto y que, como consecuencia de ello, se siente satisfecho de su evolución porque logra controlar sus impulsos. Es como si se dijera a sí mismo «estoy renunciando a satisfacer parte de mis necesidades, pero estoy contento porque noto que estoy madurando y soy más resistente a las frustraciones». Sentir que en nuestro interior se está produciendo la sensación que expresa este diálogo es una buena manera de verificar el sentimiento de congruencia desde el Niño.

En resumen, y valorando globalmente la percepción, hemos de notar que el Niño está contento por dejarse educar, que el Adulto está contento porque se está desarrollando y que el Padre está contento porque está ejerciendo su función educativa. Es la conjunción de esas tres satisfacciones la que genera el sentimiento de congruencia. Por eso el diálogo interior y el sentimiento de congruencia se necesitan recíprocamente, ya que sólo la existencia del segundo puede ratificar la validez del primero.

Para confirmar que las decisiones del diálogo interior se han tomado desde el Adulto, o redundan en su beneficio, les voy a detallar los cuatro pasos del proceso intrapsíquico que conducen al sentimiento de congruencia y permiten validar su condición:

1. Mientras el Adulto se siente bien con las decisiones que toma, hemos de suponer que el sentimiento de congruencia no necesita verificarse porque esas decisiones no están provocando ningún tipo de conflicto interior.

2. Cuando el Adulto tiene dudas y no se siente bien con su decisión, porque nota que su Padre lo castiga o percibe que el Niño queda excesivamente satisfecho, es cuando procede iniciar un nuevo diálogo interior.

3. Entonces el Adulto reflexiona sobre su decisión previa, añade nueva información y pide al Padre y al Niño que aporten nuevos argumentos al diálogo.

4. Si después de evaluar la información complementaria y reflexionar sobre ella, el Adulto decide ratificar su anterior decisión, o nota que en la nueva incluye más argumentos del Padre, aunque produzca cierto descontento en el Niño, experimentará una concordancia entre tres satisfacciones distintas que, todas juntas, provocan el sentimiento de congruencia. La del Padre que está orgulloso por saber educar al Niño, la del Niño que está contento porque su Padre y su Adulto le están educando, y la del Adulto que está satisfecho de cómo está evolucionando hacia la madurez.

Espero haber sabido explicar el proceso con la suficiente claridad para hacerlo comprensible; pero como no es fácil traducir sensaciones y sentimientos al lenguaje escrito, pondré un ejemplo de las cosas que podría decirse el joven Peter Pan del apartado anterior, para que su diálogo interno le orientara hacia la congruencia:

> ADULTO: «Me estoy haciendo muchas preguntas pero no tengo claro si las respuestas son mías o de mi Niño. Voy a hablar nuevamente con mi Padre porque me doy cuenta de que decido demasiadas veces desde el Niño y luego me arrepiento. Quizá si hiciera más caso a mi Padre las cosas me funcionarían mejor y estaría más contento conmigo mismo».

> PADRE: «Creo que lo que dices es cierto, pero reconozco que no te he educado lo suficiente como para que ahora respetes la decisión de tu novia y aceptes que ella no te quiera ver. Quizá deberías pedirle información para saber por qué ha perdido la ilusión. Seguro que su respuesta nos ayudará a mejorar. De todas maneras hemos de hablar con el Niño para ver si está en condiciones de aceptar la pérdida».

> NIÑO: «A mí no me vengáis con rollos psicológicos, lo que yo quiero es estar con ella».

> ADULTO: «Ya lo sé pero el Padre tiene razón. Si ella no quiere no la podemos obligar».

> NIÑO: «Siempre soy yo el que tengo que fastidiarme».

> PADRE: «Míralo de otra manera. Quizá si no fueras tan Niño, ella no se hubiera desenamorado».

> ADULTO: «Creo que el Padre tiene razón; lo que debo hacer es respetar la decisión de mi novia y procurar mejorarme. Luego veremos si puedo recuperarla».

> PADRE: «Has tomado una buena decisión, no sé si querrá volver con nosotros, pero si conseguimos educar al Niño seguro que ganaremos atractivo y encontraremos a otras chicas que nos gusten a nosotros y a las que nosotros gustemos».

Niño: «Vale, pero no me agobiéis mucho que para madurar necesito tiempo».

Adulto: «Seguro que los tres juntos lo conseguiremos».

En este diálogo queda claramente reflejada la ambivalencia del Niño ante una realidad que no le gusta, y cómo la alianza del Padre y del Adulto facilita el sentimiento de congruencia consiguiendo que el Niño acepte ciertas renuncias. Espero que el ejemplo pueda servirles de referencia cuando tengan dudas sobre qué parte de ustedes está decidiendo una determinada reacción. Pero, para reforzar todavía más el método de verificación del sentimiento de congruencia, les recomiendo que tengan presente la siguiente idea-fuerza: si su Niño siempre está contento difícilmente podrán considerar que están haciendo lo adecuado para desarrollar su Adulto. Eso les ayudará a diferenciar el autoengaño que pone contento al Niño del bienestar que experimenta el Adulto cuando alcanza la congruencia, y les servirá de guía para saber que están trabajando en la dirección adecuada.

A partir de ese fortalecimiento del Adulto que produce la congruencia, sólo hace falta recordarle al joven Peter Pan que, para iniciar su viaje a la madurez, ha de aceptar que es inmaduro y confiar en sus posibilidades de evolución. Ya sé que no es un camino cómodo, pero también sé que es muy probable que su Niño entienda que no puede mantenerse en la inmadurez toda la vida. Entonces es cuando su Padre y su Adulto deben ofrecerle su apoyo para subir juntos al único tren que nunca descarrila y siempre llega a su destino. Ese tren se llama conductas de autoafirmación y es el tercer eje del programa que les ofrezco para que el viaje a la madurez tenga un final feliz.

Las conductas de autoafirmación

En todos mis libros hablo de ellas porque constituyen uno de los sellos identitarios de mi metodología terapéutica, aunque es la parte en la que menos intervención puedo tener. Puedo explicar cómo funciona el sistema PAN, puedo enseñar la mecánica del diálogo interior y ayudar a que las personas desarrollen el sentimiento de congruencia, pero no puedo hacer por ellas las conductas de autoafirmación. Por eso, más que un terapeuta me considero un facilitador del crecimiento ajeno, porque la parte más importante del trabajo debe realizarla el propio interesado que, en este caso, es el lector que se sienta concernido por la problemática del hombre Peter Pan.

Por tanto, ya que no puedo hacer por los hombres Peter Pan lo que sólo ellos pueden hacer, voy a explicar en qué consisten y para qué sirven las conductas de autoafirmación para ver si, al dejar clara su utilidad, logro motivar a quienes decidan realizarlas, para que asuman el pequeño esfuerzo que suponen para su Adulto y las pequeñas renuncias que deberá aceptar su Niño.

Lo primero que quiero comentar de ellas es que sirven para resolver todo tipo de problemas. Sirven para superar complejos, sirven para asimilar el sufrimiento y sirven para mejorar la autoestima. Por consiguiente, sirven también para madurar, porque la madurez no es más que el resultado de todos esos procesos. En función de ello considero que las conductas de autoafirmación son el ejercicio más importante que puede hacer una persona para ayudarse a sí misma, puesto que la orienta hacia lo que su Adulto le dice que es bueno para su desarrollo. Y al hablar de su función he hecho ya una definición implícita del concepto, porque una conducta de autoafirmación es *todo aquel comportamiento que despierta sentimiento de congruencia porque ayuda, a quien lo realiza, a ser como quie-*

re ser y a ir hacia donde quiere ir. De acuerdo con esta definición operativa, cada vez que una persona actúa para resolver un problema, iniciar un proyecto o mejorarse a sí misma, está realizando una conducta de autoafirmación. En ese sentido es importante resaltar que lo que define, en última instancia, su condición no es tanto que desde el diálogo interior se decida una acción exterior, sino que esa decisión confiera congruencia al sujeto y le haga sentir que se está orientando hacia donde su Adulto considera que es conveniente. Por ejemplo, para un tímido hablar en un debate público puede ser una conducta de autoafirmación. En cambio, para un narcisista-exhibicionista la conducta de autoafirmación, en una situación equivalente, consistiría en mantenerse callado y no intervenir en el debate. Por tanto, las conductas de autoafirmación pueden darse por acción y por omisión. Cuando una persona decide estudiar, hacer deporte o cuidar su alimentación, porque su Adulto le dice que eso es bueno para él, está realizando conductas de autoafirmación, al igual que las realiza cuando suprime hábitos destructivos como fumar, beber o comer en exceso. Y cuantas más conductas de autoafirmación hace más se mejora, más se gusta y más autorrealizada se siente. Por eso las considero una verdadera panacea psicológica que no es necesario buscar en la alquimia puesto que está disponible en nuestro interior y puede activarse a voluntad.

Ya sé que dejar en manos de la voluntad la clave de la superación personal puede crear una cierta ansiedad en el joven Peter Pan, porque no es una palabra agradable para su Niño. Él prefiere hablar de evasión, distracción, diversión, placer y todo aquello que suene a gratificante para sus sentidos. Pero voy a intentar que ese joven se muestre un poco más receptivo al esfuerzo que debe realizar, diciéndole que todas esas sensaciones tan atractivas, a partir de ahora las va a experimentar su Adulto al practicar conductas de autoafirmación. Porque cuando la persona nota que se convierte en maestra de sí misma y se orienta hacia donde le conviene, siente una extraordinaria alegría interior porque percibe que ha encontrado la fórmula que le permite convertirse en el principal responsable de su destino. Y eso también es placer, pero un placer adulto que, en lugar de mantener al sujeto en la infancia, le sirve para evolucionar hacia la madurez.

Espero que mi defensa de la utilidad de las conductas de autoafirmación ayude a crear una cierta disposición positiva hacia su realización, aunque soy consciente de que es la parte más difícil del programa que les propongo. Al fin y al cabo, tanto el diálogo interior como el sentimiento de congruencia, pueden vivirse como juegos psicológicos que resultan gratificantes en sí mismos y que, mientras no se concretan en comportamientos, no implican ningún tipo de esfuerzo ni sacrificio. Pero en cambio, la práctica de las conductas de autoafirmación encierra ciertas dificultades porque supone vencer inercias y cambiar tendencias. No olvidemos que, en el joven Peter Pan, el Niño tiene un gran protagonismo y que no resulta fácil convencerlo de que en el futuro ya no podrá jugar de la misma forma irresponsable. Por eso, lo único que se me ocurre decirle, para que acepte ser educado, es que cuando madure podrá seguir conservando muchos de sus rasgos infantiles. Sólo perderá sus reacciones inmaduras y su falta de disciplina, pero seguirá manteniendo la capacidad de ilusionarse y de aprender. Incluso le diré que su nueva manera de vivir las cosas le producirá una enorme sensación de bienestar porque notará que su Niño ya no necesita refugiarse en el País de Nunca Jamás porque su Adulto y su Padre han sido capaces de orientar su vuelo hacia un futuro donde los tres podrán vivir en armonía.

8

El viaje del hombre hacia su madurez

> Los maestros más universales siguen siendo el error, el desengaño y el dolor.
>
> Francisco López-Seivane

La persona siempre está a tiempo de madurar pero, naturalmente, cuanto antes inicia el proceso mayor es el beneficio que obtiene. Por ello quiero decirle al joven Peter Pan que ya dispone de la información necesaria para poder emprender su viaje con éxito.

A estas alturas del discurso, y después de la información y las reflexiones que estamos compartiendo, sabe muchas cosas que desconocía antes de empezar el libro. Sabe que la culpa no es suya, sino de un determinado modelo de familia, sociedad y sistema educacional. Sabe a qué tipo de niño Peter Pan pertenece y ha podido entender las razones que explican su comportamiento inmaduro. Sabe también que existe un método para poder crecer y un programa que ayuda a conseguirlo. Por consiguiente, tiene todo lo que necesita para madurar y ahora sólo le falta empezar a andar.

Ya sé que mucha gente cree que las personas no pueden cambiar. Pero yo les aseguro, desde la autoridad que quieran concederme en función de mi experiencia y trayectoria, que todo el mundo tiene un margen para mejorar, aunque es cierto que ese margen es más o menos amplio según la confianza que se tenga en su existencia y la fuerza de que se disponga para activarlo. Evidentemente, no puede plantearse los mismos objetivos una persona de veinte años que una de sesenta, pero ambas están a tiempo de cambiar algo de su realidad si saben cómo hacerlo y se lo proponen seriamente. Para que tengan una idea de hasta qué punto el programa de autoayuda que acabo de exponer está en condiciones de propiciar cambios significativos en el comportamiento, voy a explicarles brevemente mi teoría de la maduración personal para que puedan calcular qué margen tienen para evolucionar y las dificultades que entraña el proceso.

Ya he señalado en el capítulo 6 que una persona para madurar necesita tres cosas: querer, saber y poder. Las tres están muy relacionadas y se refuerzan recíprocamente, pero para que produzcan el efecto deseado deben ordenarse y gestionarse de una determinada manera. En este sentido, lo ideal sería que el querer fuera suficiente para que automáticamente la persona encontrara la forma de saber y poder. Pero como no suele ser así, lo primero que cabe precisar es que para posibilitar la maduración debe lograrse que el diálogo interior deje al sujeto en la siguiente posición: el Niño ha de querer, el Padre ha de saber y el Adulto ha de poder. Cuando se dan estas tres condiciones es cuando el Adulto consigue que sus conductas sean de autoafirmación, lo cual hace que la persona se sienta cada vez más congruente y segura. Y esa congruencia y seguridad es la que, con el tiempo, se convierte en madurez.

Acabo de sintetizar en pocas líneas la dinámica de un proceso de maduración que en la biografía de las personas tarda veinte o treinta años en producirse y que en muchos casos nunca se logra. Por eso he precisado antes que para facilitar el crecimiento del joven Peter Pan es necesaria la alianza entre su Padre y su Adulto. El problema es que sin que el Padre esté convencido de cómo hacerlo, es imposible que el Adulto esté dispuesto a invertir el tiempo y la energía necesarios para conseguirlo. Considerando lo que acabo de indicar, podemos concluir que para madurar es imprescindible la concurrencia en el sujeto de un Adulto capaz de activar en su Padre la fuerza y la voluntad que la tarea requiere y de despertar en su Niño la ilusión que el proyecto necesita; entonces es cuando se dan las condiciones para que la persona, sea cual sea su edad, pueda avanzar hacia la madurez.

De todos modos, puesto que considero que hay un tiempo natural para todo y que si las cosas se hacen cuando procede los esfuerzos se minimizan y los resultados se optimizan, he preparado un esquema en el que sintetizo las distintas fases del proceso de maduración para que, en función de su edad, puedan tomarlo de referente.

Proceso de maduración personal

Fase de inicio: de los 15 a los 20 años
El primer reto es la aceptación de la autoimagen adulta y la toma de conciencia de los valores sobre los que se va a construir el autoconcepto. Supone también las primeras decisiones autónomas sobre vocación, trabajo y estilo de vida.

Fase de desarrollo: entre los 20 y los 30-35 años
El sujeto toma decisiones trascendentes sobre su presente y su futuro en los cuatro ámbitos en que se desarrolla su vida: social, laboral, familiar y amorosa. Según gestione e interiorice esas experiencias irá ganando seguridad y madurez.

Si el Adulto es el principal protagonista del proceso la persona evoluciona hacia la madurez. Pero si el sujeto reacciona desde el Niño en lugar de madurar se va neurotizando.

Fase de consolidación: entre los 30-35 y los 45-50 años
Es la etapa más crítica y determinante de la vida, porque en ella se producen acontecimientos de gran trascendencia biográfica en el ámbito familiar y laboral que, en función de cómo evolucionen, resultan cruciales para consolidar la madurez o para cronificar la neurosis. En ese sentido, y de acuerdo con la tendencia adoptada en la etapa anterior, las inercias conductuales refuerzan uno u otro camino y cada vez resulta más difícil que se produzcan cambios importantes de comportamiento. Por tanto, es la fase en la que el Adulto ha logrado imponer su hegemonía y la persona presenta un perfil de comportamiento predominantemente maduro, o es la época en la que el Padre se siente culpable por no haber sabido educar al Niño, lo cual se traduce en un alto nivel de neuroticismo que suele generar una importante insatisfacción vital.

Fase de plenitud: a partir de los 45-50 años
Puede alcanzar dos niveles distintos en función de la intensidad y naturaleza de las experiencias vividas y adecuadamente asimiladas. Si la persona no ha tenido grandes problemas y todo le ha funcionado razonablemente bien, alcanzará un alto grado de seguridad. Ahora bien, esa seguridad no puede traducirse directamente en madurez, puesto que para alcanzarla es necesario superar con éxito suficientes dificultades, fracasos y situaciones críticas. De acuerdo con este criterio, la madurez sería la suma de los éxitos vitales que confieren seguridad más la asimilación positiva de las dificultades de la vida. Por esa razón, si el Padre sigue siendo débil y el Niño continúa imponiendo su ley, la persona, además de no alcanzar nunca la

madurez, irá cronificando progresivamente su inmadurez hasta alcanzar la condición de neurótica.

Creo que de forma breve pero en coherencia con el modelo de maduración personal que estoy defendiendo, les acabo de ofrecer información suficiente como para que lleguen a la conclusión de que la madurez es un proceso autodirigido que se activa, o no, en función de cómo afrontamos la vida y la capacidad que tenemos para tomar decisiones y resolver problemas. Partiendo de esa base y para que su Adulto disponga de datos que lo ayuden a decidir con fundamento hacia dónde le conviene orientarse, he preparado un pequeño esquema en el que resumo los perfiles contrastados de una persona madura y de una persona neurótica.

Perfil de una persona madura

Tiene un Adulto desarrollado y sólido en el que queda perfectamente integrado el Niño educado y el Padre dialogante. En tales condiciones el sujeto confía en sus posibilidades y su comportamiento se caracteriza por cinco rasgos básicos:

- Capacidad de armonizar la acción con la reflexión.
- Capacidad de autocrítica.
- Capacidad de comprensión.
- Resistencia a la frustración.
- Resistencia al sufrimiento.

Perfil de una persona neurótica

Tiene un Adulto frágil y poco desarrollado en el que predomina un Niño caprichoso que se siente incordiado por un

Padre débil. Eso hace que el sujeto se sienta incómodo consigo mismo y confíe poco en sus posibilidades, lo que se traduce en un comportamiento caracterizado por los siguientes rasgos:

- Conductas erráticas y poco reflexivas.
- Poca capacidad de autocrítica.
- Necesidad de comprensión.
- Poca resistencia a la frustración.
- Poca resistencia al sufrimiento.

Reflejando la descripción de los dos perfiles en la dimensión del Padre, el Adulto y el Niño respectivo, resultan dos dibujos muy distintos que nos ofrecen una idea clara de las condiciones en las que queda el sujeto para afrontar su realidad vital.

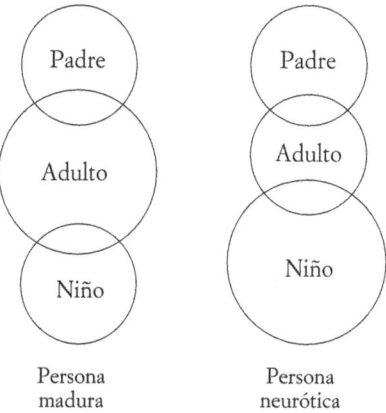

Figura 5. Cuadro comparativo de la dimensión del Padre, del Adulto y del Niño en la persona madura y en la neurótica.

No es necesario ser un experto en la interpretación de volúmenes para observar lo cómodo que puede sentirse el Adulto de un hombre maduro a la hora de armonizar las necesidades del Niño con las normas del Padre, en comparación con los agobios que sufre el Adulto del neurótico en manos de su Niño hipertrofiado. Por fortuna el joven Peter Pan no se encuentra todavía en esa segunda situación, pero debo recordarle que está en una edad en la que, si no inicia la fase de desarrollo, corre el riesgo de orientarse hacia la neurosis.

Supongo que, después de lo que acabo de decir, la mayoría de jóvenes Peter Pan tendrán claro que entre conservar el placer inmaduro de su Niño, o evolucionar hacia el placer maduro de su Adulto, siempre es preferible la segunda opción, porque de esa manera evitarán también el sufrimiento neurótico. Por eso quiero pedirle al Niño de ese joven que haga el pequeño esfuerzo de escuchar a su Adulto, porque éste le va a decir que, con la ayuda de su Padre, los tres conseguirán re-

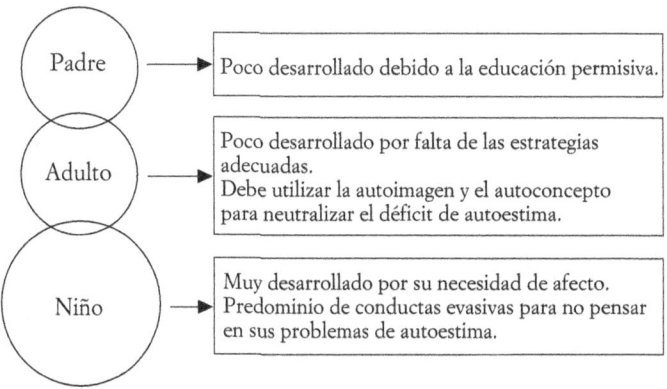

FIGURA 6. Situación psicológica del joven Peter Pan.

flexionar sobre su pasado para decidir el futuro que quieren para ellos. Y para ayudarlo a que su decisión se oriente hacia el buen camino le voy pedir que compare la situación psicológica que refleja la Figura 6, con la de la persona neurótica de la Figura 5.

Como es fácil observar, la diferencia entre el joven Peter Pan y una persona neurótica es poca y reside únicamente en que su Padre no ha adquirido todavía la suficiente dimensión para ayudarlo a crecer, o para castigarlo por no haberlo conseguido. Ésa es la situación en que se encuentra Peter Pan cuando se plantea iniciar su viaje a la madurez. Y hemos de reconocer que su situación no es fácil porque, para cubrir sus objetivos, necesita la voluntad de un Padre que se siente débil y los recursos de un Adulto que no está desarrollado. En esas condiciones, teniendo en cuenta que su Niño hipertrofiado tiene carencias y no está acostumbrado a esforzarse, se comprende que para madurar requiera de un poco de apoyo externo, que es el que intentaré prestarle informándole de ciertas cosas que ayudan a madurar.

Cosas que ayudan a madurar

Naturalmente la propia vida es maestra de sí misma y las personas mientras van viviendo van aprendiendo. Pero como no todas aprenden igual, ni en la misma proporción y algunas en lugar de evolucionar hacia la madurez se orientan hacia la neurosis, hemos de suponer que esas distintas trayectorias vitales vienen determinadas por algún factor que, si lográramos descubrirlo, nos permitiría aplicar las estrategias conductuales adecuadas para facilitar, al máximo, el camino de la madurez y dificultar, en lo posible, el de la neurosis.

Partiendo de ese supuesto, cuando estaba preparando los contenidos de este ensayo, decidí averiguar cuáles podían ser esos factores y para ello procedí a analizar la trayectoria biográfica de una serie de hombres sobre los que disponía de suficiente información para relacionar su grado de madurez con los hechos que podían haberla provocado. La muestra abarcó a cien varones heterosexuales, de edades comprendidas entre los cincuenta y los sesenta años, y el resultado del estudio me permitió corroborar que, tal como yo creía, la madurez alcanzada por cada uno de ellos estaba significativamente relacionada con la forma en la que habían resuelto sus problemas y las dificultades que habían afrontado en la vida. De acuerdo con ese doble criterio establecí la siguiente clasificación: veintiún hombres maduros, cincuenta y dos compensados y veintisiete neuróticos.

Naturalmente los calificativos atribuidos no deben considerarse una etiqueta clínica, sino una forma de expresar la situación de la muestra en relación a mi teoría de la maduración y la superación personal; lo cual significa, traducido a la terminología que estoy utilizando, que los sujetos incluidos en cada grupo presentaban el siguiente perfil:

Hombre maduro

Fuentes de congruencia y estabilidad interna
    Padre: Dialogante y contento por la dimensión de su Adulto.
    Adulto: Desarrollado, sólido y consciente de su fortaleza.
    Niño: Educado y suficientemente satisfecho desde el Adulto.

Fuentes de seguridad y maduración personal
   Autoestima: Buena. Bien sea porque no había tenido déficit afectivo o bien porque lo había superado.
   Autoimagen: Positiva. Porque se gustaba o se aceptaba lo suficiente.
   Autoconcepto: Bueno. Porque era consciente de sus virtudes o porque había sabido desarrollar sus capacidades.

Hombre compensado

Fuentes de congruencia y estabilidad interna
   Padre: Relativamente satisfecho de la estabilidad de su Adulto.
   Adulto: Equilibrado pero frágil. Su estabilidad dependía de que las cosas le funcionaran bien.
   Niño: Educado pero con cierto temor a dejarse llevar por sus debilidades.

Fuentes de seguridad y maduración personal
   Autoestima…
   Autoimagen…
   Autoconcepto…
   { Juego de equilibrios entre los tres factores que se influían entre sí aportando valores y compensando déficits hasta conseguir la estabilidad.

Hombre neurótico

Fuentes de congruencia y estabilidad interna
   Padre: Culpable e impotente por no haber sabido educar al Niño.
   Adulto: Frágil y tornadizo por el sentimiento de culpa que le provoca el Padre por no saber controlar al Niño.

Niño: Hipertrofiado, pero a la vez insatisfecho porque su Padre le recrimina su comportamiento.

Fuentes de seguridad y maduración personal
 Autoestima: Tendencia a compensar el déficit hipertrofiando su autoconcepto.
 Autoimagen: Negación de lo que no le gusta y sobrevaloración de lo que puede afirmarle.
 Autoconcepto: Sobredimensionado para compensar inseguridades.

Una vez descritos los tres perfiles y como mi intención era averiguar por qué unos sujetos habían evolucionado hacia la madurez mientras otros se habían orientado hacia la neurosis, analicé exhaustivamente las historias personales de los integrantes de los grupos y llegué a la conclusión de que la gran diferencia entre los hombres que presentaban un perfil maduro y los que presentaban un perfil neurótico residía en la manera en que unos y otros habían resuelto las distintas dificultades que habían encontrado a lo largo de su trayectoria vital. Además, pude establecer una correlación directa entre la magnitud y frecuencia de los problemas afrontados y el grado de madurez alcanzado, que me permitió llegar a la conclusión de que la distancia que separa la madurez de la neurosis puede medirse, exactamente, a través del número de situaciones críticas afrontadas por el sujeto y la forma en que ha sido capaz de resolverlas desde el Adulto. Y cuanto más trascendentes son las situaciones y más responsables las decisiones, mayor es el aprendizaje vital que implican y la maduración que provocan. Por eso, desde un punto de vista biográfico, podría medirse la madurez de una persona por el número de decisiones cruciales que ha tomado en su vida.

Las decisiones cruciales

Cada día decidimos sobre infinidad de cosas intrascendentes, pero de cuando en cuando nos toca, además, decidir sobre cuestiones que van a tener una gran trascendencia en nuestra vida. A esas decisiones que influyen de manera determinante en nuestro futuro e implican un cambio significativo de nuestro presente las denomino *decisiones cruciales*, porque marcan un antes y un después en nuestra trayectoria vital. Casarse, tener un hijo, cambiar de trabajo o iniciar un negocio, suelen ser las más importantes durante la edad adulta; pero, por la misma razón, en esa época de la vida también son frecuentes las decisiones cruciales en sentido opuesto. Y excepto la de tener un hijo, todas las demás son susceptibles de ser modificadas posteriormente, ya que podemos separarnos y volvernos a casar, cambiar de trabajo varias veces, y abrir y cerrar tantos negocios como nuestra iniciativa y posibilidades económicas nos lo permitan.

Hago estas reflexiones para destacar que, dentro de las decisiones cruciales, debe fijarse un criterio para establecer una jerarquía que nos permita determinar su incidencia en el proceso de maduración; porque está claro que no todas las decisiones ayudan a madurar y que, en relación a su número, tan malo es quedarse corto como pasarse. Pongamos el ejemplo de una persona que siempre se lamenta de su trabajo sin dejarlo nunca. Es evidente que en su caso una iniciativa de cambio sería una decisión crucial que podría suponerle la obtención de un trabajo más realizador. Pero también es cierto que difícilmente podremos decir que una persona que cambia constantemente de trabajo está tomando decisiones cruciales, porque el propio exceso desvirtúa la condición. Así pues, para que una decisión adquiera la categoría de crucial y pueda contribuir a la maduración de quien la realiza, ha de reunir las siguientes condiciones:

1. Debe significar un cambio importante en la vida del sujeto.
2. Debe tomarse desde el Adulto después de realizar el correspondiente diálogo interior.
3. Debe mantenerse mientras siga produciendo coherencia.
4. Sólo debe revisarse cuando, después del aprendizaje vital necesario, el Adulto decida que una nueva realidad requiere una nueva decisión.

Analizando los cuatro requisitos que debe poseer, es fácil deducir que, como mucho, el promedio de decisiones cruciales que toma una persona en toda su vida está situado entre ocho y diez. Por eso es tan importante que sean adecuadas si queremos que cumplan su función madurativa, porque quien no decide bien, o no aprende de lo que decide, difícilmente podrá desarrollar su Adulto y sentirse dueño de su destino.

Para que tengan una idea clara de un referente orientativo de decisiones cruciales que resultan significativas para la maduración personal, he realizado un pequeño estudio de campo consistente en seleccionar a diez hombres notablemente maduros y anotar las decisiones que ellos valoran como las más importantes de su vida. El resultado ha sido el siguiente:

- Todos han decidido casarse o vivir en pareja, una o dos veces.
- Ocho han decidido tener uno o dos hijos.
- Todos han decidido cambiar de trabajo entre una y cuatro veces.
- Cinco han decidido dejar de trabajar para iniciar proyectos profesionales propios.
- Nueve han decidido simultanear, durante varios años, el trabajo con los estudios.

Conociendo su biografía y resumiendo su comportamiento, diría que son hombres que han decidido poco y para bien porque han sabido controlar el modo y manera de ir tomando las decisiones que creían convenientes para que su vida fuera como ellos querían y, cuando el resultado de su decisión no ha sido el esperado, han sabido aprender del fracaso, han asimilado lo ocurrido y han salido fortalecidos de la experiencia.

Es evidente que también conozco a hombres que nunca aprenden porque deciden muy poco, o deciden demasiado y con poca consistencia. Pero no voy a hacer su retrato robot porque mi propósito no es cuestionar conductas ni criticar biografías, sino estimular procesos. Y puesto que el objetivo de este apartado es transmitir a los jóvenes Peter Pan la importancia madurativa que pueden tener las decisiones cruciales que tomen, he preferido ofrecerles un referente de las que resultan más frecuentes en las distintas etapas de la vida. Con este criterio he diferenciado las decisiones cruciales en dos grandes bloques: las que se toman por iniciativa propia y suponen un cambio radical con la situación precedente, y las que implican la aceptación de una realidad que el sujeto considera que debe asumir. A las primeras, las denomino *iniciativas de cambio* y su utilidad principal es que sirven para desarrollar al Adulto. Y a las segundas, las califico como *responsabilidades asumidas* porque sirven básicamente para reforzar la posición del Padre en aquellas situaciones donde el Adulto considera que debe ser así. Una vez hecha la descripción, veamos cuáles son las más frecuentes en cada una de las fases en las que, al iniciar el capítulo, he dividido el proceso de maduración personal.

DECISIONES CRUCIALES MÁS HABITUALES EN CADA UNA DE LAS DISTINTAS
FASES DE MADURACIÓN PERSONAL

Iniciativas de cambio	*Responsabilidades asumidas*
Inicio	*Inicio*
– Decidir la orientación profesional. – Empezar a trabajar. – Tomar iniciativas relacionales. – Practicar algún deporte o cualquier otra actividad lúdica.	– Aceptar las dificultades en los estudios. – Asimilar bien los desengaños y fracasos amorosos. – Gestionar bien los problemas laborales. – Adaptarse bien a la separación de los padres.
Desarrollo	*Desarrollo*
– Tomar iniciativas profesionales. – Cambiar de trabajo. – Establecer compromisos amorosos. – Decidir tener hijos.	– Educar bien a los hijos. – Gestionar bien las crisis de pareja. – Gestionar bien los problemas laborales y profesionales. – Aceptar una paternidad no deseada.
Consolidación	*Consolidación*
– Separarse y/o cambiar de pareja. – Cambiar de trabajo por otro más realizador o por una nueva iniciativa profesional. – Mejorar el confort y la calidad de vida. – Desarrollar actividades que permitan expresar el potencial personal.	– Asimilar bien una separación o divorcio. – Gestionar bien una crisis económica o laboral. – Gestionar bien la relación con los hijos. – Gestionar bien la pérdida de un ser querido.
Plenitud	*Plenitud*
Si el proceso de maduración se ha desarrollado adecuadamente las iniciativas de cambio se reducen y aumentan las responsabilidades asumidas; aunque éstas, naturalmente, pueden provocar nuevas iniciativas como ocurre, por ejemplo, al establecer parejas de 2ª o 3ª generación, o al aceptar propuestas de cambio que afectan al proyecto de vida.	– Afrontar positivamente las frustraciones laborales y profesionales. – Asimilar adecuadamente la defraudación de expectativas con respecto a los hijos. – Afrontar con entereza las enfermedades propias y ajenas. – Responsabilizarse de la atención a los padres y a otros familiares que lo requieran.

FIGURA 7. Cuadro de decisiones cruciales que caracterizan el proceso de maduración personal.

El cuadro no pretende determinar lo que debe hacer el joven Peter Pan para madurar, sino ofrecer una pequeña guía de las cosas que resultan útiles en tal sentido. Ésa es la razón por la que en el apartado de responsabilidades asumidas utilizo constantemente el concepto «gestionar bien», porque lo que favorece la madurez no son sólo las decisiones que se toman, sino también, y sobre todo, la forma adecuada de gestionarlas. Por eso, antes de hablar de las decisiones cruciales, he tratado extensamente todo lo referente al sistema PAN y al diálogo interior; porque, para que se produzca el proceso de maduración, las decisiones cruciales deben ser tomadas por el Adulto en beneficio de su propio desarrollo. En ese sentido, una decisión crucial no es más que una categoría superior de conducta de autoafirmación o la máxima expresión de la misma, porque sirve óptimamente y de manera simultánea, para desarrollar al Adulto, fortalecer al Padre y educar al Niño. Y ésas son las tres

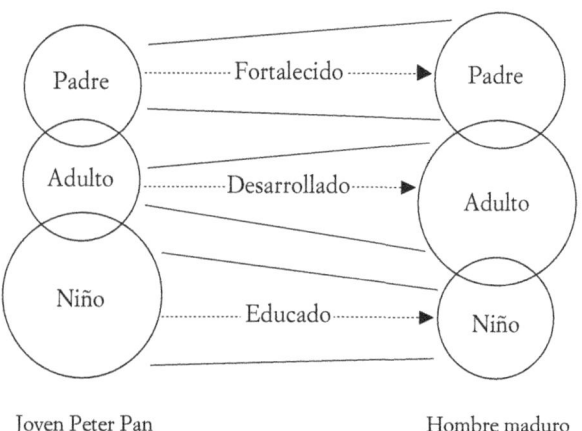

FIGURA 8. Proceso de maduración personal del joven Peter Pan.

cosas que necesitan los jóvenes Peter Pan para dejar de serlo. Tanto es así que en la figura 8 he dibujado el cambio que se produciría en su perfil psicológico si fueran capaces de desarrollar conductas de autoafirmación de forma persistente y de tomar decisiones cruciales de manera oportuna.

Fíjense en cuáles son los caminos del cambio y verán como no es tan difícil conseguirlo. Sólo se trata de empezar a hacer aquello que su Adulto les dice que es bueno para su desarrollo y, al realizarlo, estarán simultáneamente educando a su Niño y fortaleciendo a su Padre, porque no hay mejor manera de madurar que la de hacer lo que debes hacer para convertirte en quien quieres ser. Partiendo de esta idea-fuerza les he preparado una pequeña guía que les ayudará a que las conductas de autoafirmación se ejecuten con la actitud adecuada para que cumplan su función de desarrollar al Adulto.

Guía para realizar conductas de autoafirmación
1. Sea consciente de sus limitaciones y posibilidades.
2. Relacione su fuerza con el esfuerzo que debe realizar.
3. Compare el esfuerzo que hace con la recompensa que recibe.
4. Valore las cosas que consigue.
5. En función del resultado obtenido revise sus estrategias o plantéese nuevos objetivos iniciando nuevamente el proceso en el punto 1.

Si actúa de acuerdo con estos principios verá que su realidad dependerá cada vez más de usted mismo y se dedicará menos a pedir ayuda ajena, porque estará más ocupado en procurarse la propia. Entonces entenderá que, aunque los demás puedan ser los causantes de sus problemas, la solución es fundamentalmente suya y aceptará que debe obtenerla a través de las conductas de autoafirmación haciendo las cosas que su Adulto le manda para conseguir que su Niño deje de sufrir o que su Padre deje de castigarlo. Y cuanto más importante sea el problema y más trascendente la decisión, mayor será el aprendizaje vital que adquirirá y la madurez que obtendrá. Porque conductas de autoafirmación hay muchas y las personas cada día pueden realizar decenas de ellas; pero, junto a éstas y para optimizar su valor y reforzar su efecto, es necesario también que en determinadas circunstancias el sujeto acepte retos y encrucijadas, de una categoría superior, que influirán para siempre en su futuro y que, según las gestione, van a incidir decisivamente en su proceso de maduración o en su camino hacia la neurosis.

Para que se entienda la trascendencia que determinadas decisiones cruciales pueden tener en la trayectoria vital de una persona, pondré un ejemplo extremo:

> Imaginemos a un joven Peter Pan seductor que, en una de sus aventuras, deja embarazada a una chica y ella decide asumir la maternidad mientras él se desentiende de su responsabilidad de progenitor. Ése sería un caso típico y extremo de decisión crucial —no afrontada— en el que el Adulto ha tomado una decisión a favor del Niño que su Padre le reprochará constantemente, con lo cual el sujeto, además de no madurar, tiene muchas posibilidades de neurotizarse.
>
> Ahora imaginemos que en lugar de evadir su responsabilidad decide asumir la paternidad. En ese caso su Padre y su Adulto estarán contentos, aunque su Niño se sienta agobiado ante una función que no está preparado para ejercer, y cada decisión que tome en beneficio de su hijo, se convertirá en una conducta de autoafirmación que le permitirá madurar y desarrollar su Adulto.

He planteado una de las situaciones más trascendentes con las que puede encontrarse un hombre para hacer patente que las consecuencias de ciertas decisiones cruciales pueden durar toda la vida. Y en esos casos no es lo mismo ser capaz de afrontar responsabilidades que optar por evadirse de ellas. Aceptarlas sirve para madurar, mientras que evadirlas sólo sirve para que el sujeto se mantenga en su condición de Peter Pan inmaduro, con muchas posibilidades de convertirse, en el futuro, en un Capitán Garfio.

Es evidente que no todas las decisiones cruciales están relacionadas con asuntos de tanta trascendencia, pero he seleccionado intencionadamente el ejemplo porque otra de las cosas que tengo claras, en relación a las experiencias que ayudan a madurar, es que alcanzar la categoría de progenitor responsable es una de las últimas oportunidades que tiene el hombre para dejar de ser niño. Y esa posibilidad adquiere una especial relevancia para el colectivo de jóvenes Peter Pan, puesto que siendo ellos mismos hombres inmaduros, llegado el caso, les convendría sobremanera ser capaces de disciplinar a su Niño para permitir que su Adulto se dedicara a cuidar a su hijo. Sin llegar a este tipo de situaciones, que suelen ser minoritarias, lo que sí está claro es que la mayoría de las etapas del viaje del hombre hacia su madurez están relacionadas con decisiones cruciales que deberá tomar en el mundo de los afectos, porque ahí es donde reside su déficit.

Ésa es la razón por la cual he llegado a la conclusión de que, junto a todo lo que el joven Peter Pan puede hacer interiormente para mejorarse y madurar, es necesario también que adquiera una serie de experiencias —en el ámbito de las relaciones afectivas— que le permitan compensar las carencias que arrastra desde la infancia. Porque para alcanzar el equilibrio y el bienestar no es suficiente con poseer una buena autoimagen y un buen autoconcepto, sino que es necesario, además, sentirse querido. Por eso es tan importante que, junto a la autocrítica y al programa de autoayuda que les estoy ofreciendo, los jóvenes Peter Pan encuentren una manera adecuada de dar, recibir y compartir amor, porque nada ayuda tanto a compensar las carencias del pasado como vivir la experiencia de sentirse querido en el presente.

Los amores que curan

Dice Leonard Cohen que «el amor no tiene cura, pero es la única medicina para todos los males». Y puesto que no sabría expresar mejor esa idea con otras palabras, cito las del ilustre músico canadiense para introducir el tema del amor como uno de los aspectos más relevantes para el equilibrio y el bienestar de las personas. Tanto es así que en la teoría de la felicidad, que he defendido en varios de mis libros, le otorgo al amor la condición de gran facilitador de la felicidad y una de las tres puntas que, junto a la congruencia interna y a la realización personal, forman el tridente con el que, la mayoría de personas, esperan alcanzarla.

Como a la congruencia interna y a la madurez que posibilita la realización personal ya he dedicado suficiente espacio en este capítulo y en los dos anteriores, en este apartado voy a reflexionar un poco sobre cómo el amor puede contribuir a que los hombres Peter Pan dejen de serlo. Para ello retomaré mi teoría de la seguridad personal —introducida en el capítulo 5—, para explicar la forma en que las relaciones amorosas pueden curar las carencias afectivas.

Si recuerdan las distintas estrategias descritas de cómo cada una de las cuatro variantes del joven Peter Pan —seductor, narcisista, intelectual y servicial— intenta utilizar, con mayor o menor fortuna, los valores de su autoimagen y su autoconcepto para neutralizar su déficit de autoestima infantil, llegaremos a la conclusión de que para todos ellos el amor tiene una doble trascendencia. La primera y propia de su edad, la de satisfacer sus necesidades sexuales. Y la segunda, la de intentar paliar el déficit afectivo del pasado con el refuerzo positivo que les procura la vivencia amorosa del presente. Es como si creyeran que los amores que reciben como adultos pueden servirles para neutralizar la herida de los afectos que no recibieron cuando eran niños.

¿Es cierta esa creencia? ¿Es posible que los amores del presente puedan servir para que el joven Peter Pan supere las carencias del pasado? La respuesta no puede ser categórica, y resumiré mi posición diciendo que es posible pero que no siempre resulta fácil, porque para que produzca ese efecto el vínculo amoroso debe reunir cinco condiciones:

1. Afecto en cantidad y calidad suficiente para convencerlo de que es digno de ser querido.
2. Encontrar en la pareja un referente de comportamiento que le resulte útil para desarrollar su Adulto.
3. Suficientes conflictos relacionales resueltos de forma tal que contribuyan a educar a su Niño.
4. Un grado de reconocimiento de sus valores que le permita afirmar o mejorar su autoconcepto.
5. Un clima de relación que el Padre considere recomendable para su Niño.

Cuando se dan estas cinco condiciones es fácil que la relación se convierta en un cauce que favorece el proceso de maduración, pero el problema es que en la juventud no siempre se hacen las elecciones amorosas de la forma adecuada como para que resulten útiles en ese sentido. Por consiguiente, en la práctica, el joven Peter Pan sólo tiene dos posibilidades de compensar sus carencias a través del amor. La primera es encontrar a una mujer madura que acepte su inmadurez y lo ayude a crecer. Y la segunda consiste en establecer una relación en clave inmaduro-inmadura y gestionarla de tal modo que permita la maduración de ambos.

La primera vía es poco efectiva puesto que, aunque no es difícil que una mujer madura se enamore de un joven Peter Pan, sobre todo de los de perfil seductor o intelectual, es poco probable que mantenga la relación el tiempo necesario y en la clave adecuada como para que él pueda crecer y neutralizar sus carencias. Lo habitual es que la mujer se cuestione la relación antes de que eso ocurra. En consecuencia, y aunque tampoco es un camino fácil, la segunda vía suele resultar la más fiable, aunque para ello el sujeto necesite pasar varias veces por la experiencia.

Lógicamente, lo natural en la juventud es que la mayoría de las relaciones se establezcan en clave inmaduro-inmadura, pero eso no debe llevarnos a la errónea conclusión de creer que todas esas experiencias sirven para madurar, porque lo que ayuda a crecer no es la relación inmadura, sino lo que ambos hacen para gestionarla bien e intentar que funcione. Por tanto, el valor curativo de este tipo de vínculo reside en el aprendizaje vital que puede generar su adecuada gestión. Ahí es donde las cuatro variantes de jóvenes Peter Pan tienen una ocasión de oro para empezar a madurar. El seductor siendo más selectivo en sus elecciones y más consecuente con sus compromisos. El narcisista mirándose en su espejo interior en lugar de fijarse sólo en el exterior. El intelectual utilizando sus capacidades para analizarse, en lugar de invertirlas en impresionar a los demás. Y el servicial mejorando en lo posible su autoestima para que no dependa tanto de la aprobación ajena. Por consiguiente, cada uno a su modo, puede convertir la relación en un escenario en el que las transacciones, renuncias y pequeños conflictos que en ella se producen sean, a su vez, un instrumento de autocrítica y superación. Entonces, independientemente del tiempo que dure el vínculo y del calado emocional que alcance, podrán comprobar que la inmadurez no es lo opuesto a la madurez, sino el estado previo a partir del cual una cosa puede conducir a la otra. Por tanto, es evidente que el amor puede ser un gran facilitador del proceso de maduración de cualquier persona. El problema es que, con frecuencia, la forma de vivirlo resulta destructiva y entonces se convierte en una fuente importante de infelicidad.

Para que un amor adquiera propiedades curativas debe ser lo suficientemente armónico, duradero y enriquecedor para que la vivencia positiva que eso significa sea capaz de neutralizar en el presente el déficit afectivo que el sujeto arrastra del pasado. Y para que eso suceda la persona debe vivir la relación desde la ilusión del Niño, la sintonía del Adulto y la aprobación de un Padre satisfecho por la elección. En cambio, lo habitual es que el inmaduro gestione la relación desde el Niño caprichoso, el Adulto irreflexivo y el Padre inhibido, con lo cual es probable que en lugar de ayudarlo a madurar, lo mantenga en la inmadurez o lo oriente hacia la neurosis.

Para que se entienda la diferencia que existe entre los dos tipos de vínculo, veremos en la Figura 9 cómo se reflejan las respectivas claves de relación en la dimensión de los estados del yo del sujeto.

Con la simple observación del estado del Padre, del Adulto y del Niño no es difícil predecir cuál puede ser la evolución del vínculo. En el primer caso lo habitual es que la relación re-

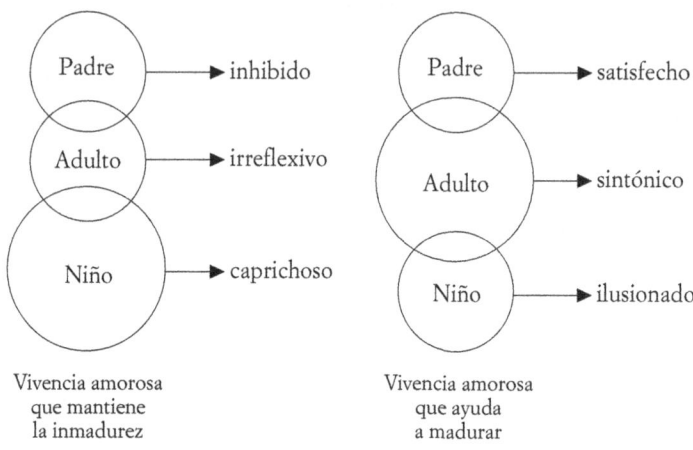

FIGURA 9. Situación de los estados del yo en la vivencia amorosa que mantiene la inmadurez y en la que ayuda a madurar.

sulte corta, conflictiva y con muchas posibilidades de terminar siendo destructiva. Y en el segundo, independientemente de la duración que pueda tener, lo natural es que resulte gratificante y enriquecedora para quienes la viven. Por ello insisto tanto en la necesidad de educar al Niño y desarrollar al Adulto, porque ese mismo mecanismo que hace crecer, es el que permite establecer relaciones que ayudan a entender que el amor no debe ser un trato de favor, ni un juego de intercambios, ni una contraprestación de servicios, sino un compromiso voluntario entre personas que desean convivir en armonía.

Ése es el tipo de amor que ayudaría al joven Peter Pan a superar sus carencias; pero como es difícil que alguien le ofrezca lo que él no está en condiciones de compartir porque todavía no ha evolucionado lo suficiente, le voy a sugerir que, en esta estrategia que le propongo para mejorarse a sí mismo, actúe exactamente en el orden que señalo en este capítulo y que, antes de invertir su esfuerzo en intentar encontrar un amor que le cure, procure focalizarlo en realizar las conductas de autoafirmación que pueden ayudarlo a madurar. De esta manera se convertirá en el principal agente de su propio cambio y entonces, paradójicamente, es cuando encontrará un amor que favorecerá su crecimiento, porque en lugar de mantener una relación para cubrir sus necesidades lo hará para compartir su desarrollo.

Mientras ese momento llega, y para acelerar el proceso, he preparado un pequeño cuadro sinóptico en el que podrá observar las diferencias que existen entre el amor inmaduro y el amor maduro, para que su Adulto pueda procesar la informa-

AMOR INMADURO ← PRINCIPALES CARACTERÍSTICAS → AMOR MADURO	
Pide más afecto del que da y más apoyo del que ofrece.	Ofrece afecto, apoyo y comprensión recíproca.
Equilibrio emocional precario y basado en el intercambio afectivo.	Equilibrio emocional sólido, cuya base es la reciprocidad de sentimientos.
Compromiso emocional asumido para obligar al otro a la reciprocidad.	Compromiso emocional voluntario y libremente elegido.
Dice que quiere mucho a su pareja pero intenta que cambie.	Valora y respeta a la pareja aceptando su perfil.
Comprensivo con sus propios defectos, pero intransigente con los de su pareja.	Comprensivo y dialogante para mejorarse a sí mismo y a la relación.

FIGURA 10. Cuadro contrastado de las principales características del amor inmaduro y del amor maduro.

ción a la hora de decidir tanto el amor que le conviene ofrecer como el que le interesa encontrar.

Contrastando la información de ambos perfiles es fácil llegar a dos conclusiones. La primera que todo el mundo, incluso los hombres Peter Pan, preferirían dar y recibir un amor maduro. Y la segunda que es difícil que te den un amor maduro si el que tú estás ofreciendo es inmaduro. Y en esta segunda cuestión los hombres Peter Pan no sólo estarán de acuerdo, sino que se identificarán con la situación, porque ellos son precisamente los grandes generadores de ese tipo de amor. Su Niño pide mucho pero ofrece poco, su Adulto sabe que es cierto pero no sabe cómo remediarlo y su Padre se avergüenza de ello, pero no tiene fuerza para resolverlo.

Ése es el estado en que se encuentra psicológicamente el joven Peter Pan ante su mundo afectivo. Por un lado, una enorme necesidad de amor y miedo a sufrir las consecuencias de su ausencia o de su degradación. Y por otro, un incipiente deseo de mejorar para relacionarse con una mujer cuya evolución le desconcierta y cuyas demandas de cambio no sabe atender. Ante tal conflicto interior no es extraño que tantos hombres tengan la tentación de refugiarse, para siempre, en el País de Nunca Jamás, y que tantas mujeres manifiesten un descontento notable y creciente ante la inmadurez masculina. Pero como ya he dicho antes que esa inmadurez no es buena ni para los hombres que la tienen, ni para las mujeres que sufren las consecuencias, voy a hacer un llamamiento para que los desconcertados hombres y mujeres que van a alcanzar la adultez en los próximos años, se ayuden unos a otros a mejorar las relaciones de género. Por ello vuelvo a pedir a las mujeres paciencia y a los hombres esfuerzo. Sin ambas disposiciones será imposible que se encuentren en una nueva dimensión donde, desde su condición de persona y género, sean capaces de convivir en amor y resolver sus conflictos desde la madurez.

Mientras ese tiempo llega, y para facilitar su advenimiento, les ofrezco este proyecto basado en la autoayuda del que podrán obtener innumerables beneficios personales. No obstante, como soy consciente de que superar la inmadurez no es una tarea fácil, sepan ustedes que todavía les queda un último recurso para madurar que, según cómo se mire, debería ser el primero y que siempre puede utilizarse como factor coadyuvante de todos los demás.

LA PSICOTERAPIA

Soy una persona que creo que sin la ayuda de los demás difícilmente podríamos llegar a ser nosotros mismos. Todos, en algún momento de nuestra vida, hemos necesitado el apoyo de alguien y gracias a ese alguien hemos sido capaces de resolver un problema, superar una dificultad o lograr un determinado objetivo.

Como humanista creo que todos podemos ayudarnos y que la solidaridad debería ser uno de los principales valores de nuestra sociedad. Pero una cosa es lo que debería ser y otra, bastante distinta, lo que la realidad nos ofrece. Estamos inmersos en un gran proceso de transformación donde se revisa el sistema económico, se reorientan los valores sociales y debe crearse un nuevo modelo de relaciones de género. Ante tal panorama existencial no es extraño que tantos hombres tengan la tentación de refugiarse en el País de Nunca Jamás, porque piensan que jamás podrán ser felices en éste.

No obstante, como soy optimista, siempre he creído que cuanto peor están las cosas, más margen tenemos para arreglarlas, y como soy humanista creo que un buen modo de intentarlo es a través del desarrollo de nuestros potenciales y la mejora de nuestro equilibrio. Por eso defiendo la autoayuda como método de transformación personal y social. Y por ello me permito sugerirles a los hombres Peter Pan, y a todas las demás personas que tienen la tentación de evadirse de una realidad que no les gusta, que acepten el reto de mejorarse a sí mismos, porque sólo a través de la superación personal será posible la felicidad general.

En mi libro de aforismos *Los colores de la vida* digo que «si quieres cambiar el mundo, mejórate a ti mismo». Ése es el sistema más seguro que conozco de cambiar las cosas, aunque dentro de él, creo que la ayuda psicoterapéutica puede ejercer una función importante. Evidentemente, puede ayudarnos la pareja, los amigos, la familia, el consejero religioso o el guía espiritual. Pero sin quitar mérito a esas vías, y respetando la utilidad que puedan encontrar en ellas en función de sus preferencias, pienso que en ocasiones nada puede ayudarnos tanto como un adecuado apoyo psicológico prestado por un profesional de la psicoterapia que desarrolle competentemente su función. Por ello, aunque una de mis principales actividades sea la de escribir libros de autoayuda, defiendo al mismo tiempo la utilidad de la psicoterapia. No sólo por congruencia profesional, sino también por evidencia empírica, puesto que he podido comprobar directamente cómo miles de personas han desarrollado sus capacidades y han resuelto sus problemas gracias a la ayuda de los psicólogos. O por decirlo de forma más precisa: gracias a su esfuerzo y con el apoyo de los psicólogos.

Por eso les recomiendo que acudan a un profesional de la psicología cuando su Niño lo necesite para crecer, pero por la misma razón les aconsejo que procuren elegirlo desde el Adulto. Y como el Adulto necesita información para poder pronunciarse con conocimiento de causa, voy a decirles algunas cosas sobre las psicoterapias y los psicoterapeutas que pueden contribuir a que realicen una buena elección, porque como los modelos son muchos y los psicoterapeutas aún más, no siempre resulta fácil encontrar el adecuado.

Conozco la existencia de cincuenta y siete modelos terapéuticos distintos y calculo que deben de existir unos cien más suficientemente sistematizados como para tener entidad propia y considerarse sistemas diferenciados. Yo particularmente estudié, con bastante profundidad, la obra de cinco autores: Freud, Adler, Frankl, Rogers y Berne, y a partir de ellos creé mi propio método. Por consiguiente, y después de más de treinta años dedicándome a la psicoterapia, he sacado algunas conclusiones que me gustaría compartir con ustedes:

- La primera es que ningún modelo terapéutico es igual de adecuado para todo tipo de casos.
- La segunda es que ningún terapeuta es igual de válido para todo tipo de personas.
- La tercera es que la competencia del terapeuta no depende tanto de la metodología que utiliza como de su propio nivel de congruencia y equilibrio psicológico.
- La cuarta es que el mejor terapeuta es aquel que puede ayudar a más personas distintas con más problemas diferentes, pero el terapeuta adecuado, para usted, es aquel que su Adulto considere como tal.
- Y la quinta es que si de entrada su Adulto intuye que un terapeuta no es el adecuado, es conveniente contrastar esa impresión consultando a otro profesional.

Creo que estas consideraciones pueden ayudarle a elegir el psicólogo que mejor pueda favorecer su viaje hacia la madurez, y espero que obtenga el resultado que espera del tratamiento, puesto que si está invirtiendo tiempo, esfuerzo y dinero, es lógico que reciba un beneficio proporcionado a su inversión. Pero tenga en cuenta que cuanto más contribuya usted a su propia mejoría más contento quedará de la relación terapéutica que establezca.

Por eso le sugiero que, si quiere dejar de ser un hombreniño, invierta parte de su ilusión infantil en desarrollar su Adulto sin renunciar a ningún tipo de ayuda, pero confiando básicamente en la suya. Entonces es cuando su novia, su mujer, su familia, sus amigos o su terapeuta podrán ayudarlo a convertirse en un hombre autorrealizado que ya no necesitará refugiarse en el pasado porque será capaz de cambiar su presente. Y para ayudarlo en esa función le he preparado un decálogo con las principales ideas-fuerza de mi propuesta de autoayuda.

Decálogo para dejar de ser un hombre Peter Pan

1. Acepte que tiene un déficit de autoestima y que si no empieza a quererse a sí mismo difícilmente conseguirá obtener y conservar el amor de los demás.
2. Tenga en cuenta que, aunque sus problemas vengan de la infancia, las soluciones sólo podrá encontrarlas siendo adulto.
3. Recuerde que si no es capaz de volar hacia el País del Presente y el Ahora corre el riesgo de quedarse para siempre en el País de Nunca Jamás.
4. Confíe en sus capacidades y utilice los valores de su autoimagen y de su autoconcepto para corregir su déficit de autoestima.
5. Crea en sus posibilidades y utilice el sistema PAN para que, entre su Padre y su Adulto, logren educar a su Niño.

6. Conviértase en maestro de sí mismo y, a través del diálogo interior, decida lo que debe hacer para convertirse en quien quiere ser.
7. Tenga presente que cada vez que realiza una conducta de autoafirmación está utilizando sus capacidades para corregir sus errores y reorientar el rumbo de su vida.
8. No olvide que nunca es tarde para cambiar y que siempre se está a tiempo de mejorar, pero piense que cuanto antes inicie el proceso mayor será el beneficio que obtendrá.
9. Tenga en cuenta que los buenos momentos son para disfrutar y los malos para aprender. Procure aceptar mejor lo que no pueda cambiar y tome las decisiones cruciales necesarias para cambiar lo que pueda.
10. Piense que si alcanza la madurez tendrá tres grandes recompensas: se sentirá congruente, se sentirá realizado y se convertirá en un hombre digno de ser amado.

Bien, creo que ha terminado mi trabajo y que empieza el suyo. Hoy, si usted quiere, es el primer día de un nuevo estilo de relación entre los tres estados del yo que forman su carácter y el resto del mundo. Puede tener la seguridad de que si consigue que su Adulto sea el principal protagonista de sus decisiones, no sólo se sentirá más seguro y realizado, sino que además su vida amorosa será más gratificante y sus relaciones interpersonales más armónicas. Recuerde que la gente no nos quiere por nuestra necesidad de ser queridos, sino por nuestra capacidad de relacionarnos con ellos de forma madura y llegará a la conclusión de que el viaje más emocionante que puede realizar como adulto es el de abandonar el País de Nunca Jamás para dirigirse con ilusión hacia el País del Presente y el Ahora.

Mensaje para los hombres del futuro

> Si deseas que tus sueños se hagan realidad,
> ¡despierta!
>
> AMBROSE BIERCE

En este libro no he pretendido escribir la historia, ni describir la realidad de ningún hombre en concreto, sino favorecer que cada uno, en particular, pueda detectar hasta qué punto se dan en él alguno de los rasgos del perfil de Peter Pan.

En el caso de que usted se considere un hombre Peter Pan, sepa que no está sufriendo una enfermedad, ni una desgracia, ni un estigma que le condene para siempre a la inmadurez y a la infelicidad, o a la felicidad de la inmadurez, sino que está en una etapa de su vida psicoevolutivamente necesaria y socialmente comprensible que puede superar, con éxito, si se lo propone con suficiente determinación. Para conseguirlo, lo primero que le conviene es entender que su condición no es una forma de ser, sino más bien una forma de estar o, por expresarlo de forma más precisa, un estadio inicial de un perfil que puede evolucionar hacia la madurez o hacia la neurosis, según usted gestione su realidad.

Decía Freud en una de sus frases más geniales que «el niño

es el padre del hombre», y si desarrollamos en profundidad el sentido de su mensaje veremos que nos estaba advirtiendo de la tremenda fuerza que tiene la infancia para condicionar la vida del adulto. Naturalmente, aceptar la tesis del padre del psicoanálisis no significa que no podamos aceptar que, como creemos los humanistas, el hombre pueda ser, también, el padre de sí mismo. Ésa es exactamente la tesis que defiendo en este ensayo y la que ha inspirado todo el protocolo que les he ofrecido para que se ayuden a dejar de ser niños. La infancia condiciona el presente, pero no determina el futuro. Si aceptan esta premisa no sólo gestionarán mejor su realidad, sino que los ayudará a no utilizar el pasado como excusa para no hacer nada por su futuro. Ser Peter Pan es quedarse en la infancia y ser maduro es avanzar hacia el futuro. Así de simple es el problema y así de difícil la solución, porque para avanzar hacia ella usted debe convencerse de que la realidad del adulto es digna de vivirse y, tal como están las cosas, no es de extrañar que tantos jóvenes de su generación hayan decidido permanecer en una infancia psicológica que no sólo les impide madurar, sino que también les limita la posibilidad de establecer relaciones simétricas con el otro sexo, porque las mujeres han madurado antes que ellos.

Por ello, desde mi actual condición de hombre regenerado de mi antigua situación de joven inmaduro acomplejado, quiero hacer un llamamiento y ofrecer un proyecto de ayuda para que los hombres Peter Pan dejen de serlo; y para que los jóvenes que todavía no lo son, nunca lo sean. Al servicio de este objetivo he dedicado este libro que ha sido concebido con la ilusión de contribuir a crear un nuevo modelo de relaciones interpersonales, familiares y de pareja en el que lo importante no sea el amor que esperamos recibir, sino el que somos capaces de compartir desde nuestra propia madurez. Si lo conseguimos ya no habrá más niños que encuentren cerrada la ventana de su habitación, ni más personas conviviendo con su soledad, porque en el corazón de todos los adultos quedará la parte buena de Peter Pan que siempre seguirá luchando, para conseguir que su parte de niño pirata nunca se convierta en el Capitán Garfio.

Nota al lector

Si usted ha leído este libro seguramente es porque tiene algo de Peter Pan o sufre las consecuencias de tener uno cerca. En el primer caso, espero que el contenido le haya resultado útil. Y en el segundo, tanto si es una persona que sufre las consecuencias de su inmadurez, como si sufre por verle sufrir a él, espero que haya encontrado suficientes elementos de reflexión para decidir si está en condiciones de ayudarlo o si, por el contrario, debe desistir del intento para no perjudicarse usted.

Recuerden que, como decía Madame Blanchecotte, «la ayuda de que menos podemos prescindir es la del propio esfuerzo» y procuren ayudarse unos a otros sin perjudicarse a sí mismos.

Si en esa tarea podemos resultarles de alguna utilidad, sepan que estamos a su disposición.

INSTITUTO PSICOLÓGICO ANTONI BOLINCHES
Muntaner, 202 - 1º C
08036 Barcelona
www.abolinches.com
ipab@abolinches.com

Índice de figuras

Figura 1. Cuadro comparativo de cambios generacionales .. 38
Figura 2. Cuadro comparativo del potencial sexual masculino y femenino 41-42
Figura 3. Esquema de la evolución del niño con déficit afectivo hacia las distintas variantes de Peter Pan 94
Figura 4. Cuadro comparativo de la dimensión del Padre, del Adulto y del Niño en la persona reprimida, la inmadura y la madura 117
Figura 5. Cuadro comparativo de la dimensión del Padre, del Adulto y del Niño en la persona madura y en la neurótica 146
Figura 6. Situación psicológica del joven Peter Pan 147
Figura 7. Cuadro de decisiones cruciales que caracterizan el proceso de maduración personal 155
Figura 8. Proceso de maduración personal del joven Peter Pan 156
Figura 9. Situación de los estados del yo en la vivencia amorosa que mantiene la inmadurez y en la que ayuda a madurar...................................... 164
Figura 10. Cuadro contrastado de las principales características del amor inmaduro y del amor maduro 165

Glosario

Adulto: Parte del yo que se encarga de procesar la información recibida del Padre y del mundo externo, y decide hasta qué punto debe respetar sus consignas. Actúa de intermediario y decide si hace caso al Padre o satisface al Niño.

Análisis Transaccional: Método terapéutico creado por Eric Berne en 1958. Parte de la base de que analizando adecuadamente las transacciones que se producen entre el Padre, el Adulto y el Niño, que son los estados del yo que forman la estructura psicológica, la persona mejora su grado de madurez y su capacidad para relacionarse con los demás.

Autoconcepto: Percepción que tiene el sujeto de sus propios valores. Depende del refuerzo social, pero puede ser desarrollado con el propio esfuerzo.

Autoestima: Percepción que tiene el sujeto de ser digno de ser querido. Depende fundamentalmente de cómo se ha sentido querido en la infancia.

Autoimagen: Percepción que tiene el sujeto de su propio atractivo físico. Se establece en relación a los parámetros psicoestéticos imperantes.

Conductas de autoafirmación: Comportamientos decididos desde el Adulto a favor de su propio desarrollo que, al realizarlos, despiertan sentimiento de congruencia.

Crisis de autoaceptación psicoestética: Primera crisis existencial relacionada con la asimilación de la imagen adulta. Se produce durante la adolescencia y la primera juventud.

Decisiones cruciales: Decisiones que influyen de forma importante en el futuro e implican un cambio significativo en el presente.

Diálogo interior: Intercambio de puntos de vista entre el Padre, el Adulto y el Niño a través del cual la persona aprende a que las decisiones se tomen desde el Adulto o a favor de él. Es una conversación a tres bandas en la que el Padre sale reforzado, el Adulto desarrollado y el Niño educado.

Iniciativas de cambio: Decisiones cruciales que se toman por iniciativa propia y suponen un cambio radical de la situación precedente. Contribuyen al desarrollo del Adulto y a la maduración del sujeto.

Madurez: Grado de equilibrio y serenidad que se alcanza a través de la asimilación positiva de los acontecimientos negativos de la vida.

Niño: Parte infantil del yo que intenta satisfacer sus necesidades sin hacer demasiado caso a lo que le prohíbe el Padre. En el Niño residen la intuición, la creatividad, el impulso y el disfrute espontáneo.

Niño invisible: Niño que dentro del hogar no encuentra calor afectivo porque no juega un papel relevante en la dinámica familiar.

Padre: Parte del yo que aporta al individuo toda la información relativa a las normas de conducta y le impone unas limitaciones de acuerdo con las convenciones sociales, los principios legales, los códigos morales y las creencias religiosas imperantes. Representa internamente a los propios padres y a las normas establecidas.

Patito feo: Niño que se considera el menos agraciado de todos los hijos que componen una determinada familia.

Persona madura: La que tiene un Adulto desarrollado y sólido en el que queda perfectamente integrado el Niño educado y el Padre dialogante.

Persona neurótica: La que tiene un Adulto frágil y poco desarrollado en el que predomina un Niño caprichoso que se siente incordiado por un Padre débil.

Persona reprimida: La que tiene un Padre rígido, un Adulto poco desarrollado y un Niño frustrado.

Personalidad: Conjunto de características psicológicas que singularizan a un sujeto.

Peter Pan: Hombre inmaduro con aspecto de adulto y necesidades de niño.

Peter Pan intelectual: Joven Peter Pan que tiene una autoimagen negativa y un autoconcepto positivo.

Peter Pan narcisista: Joven Peter Pan que tiene una autoimagen positiva y un autoconcepto negativo.

Peter Pan seductor: Joven Peter Pan que tiene una autoimagen positiva y un autoconcepto positivo.

Peter Pan servicial: Joven Peter Pan que tiene una autoimagen negativa y un autoconcepto negativo.

Príncipe destronado: Niño que siendo hijo único y centro de atención de sus padres pierde su protagonismo como consecuencia del nacimiento de un hermano.

Príncipe vagabundo: Niño que tiene una vida itinerante porque, como consecuencia de su situación familiar, debe repartir su tiempo entre distintos hogares.

Responsabilidades asumidas: Decisiones cruciales que sirven para reforzar la posición del Padre en aquellas situaciones donde el Adulto considera que debe ser así.

Sentimiento de congruencia: Sensación de bienestar psicológico que se produce cuando una acción o decisión se ha tomado desde el Adulto después de un diálogo interior suficiente y sincero. Sirve de fórmula para verificar si una determinada conducta es realmente de autoafirmación.

Síndrome de Peter Pan: Denominación que utilizó Dan Kiley para referirse a los varones adultos que no han madurado.

Sistema PAN: Parte del Análisis Transaccional que explica cómo interactúan y se relacionan los tres estados del yo: Padre, Adulto y Niño.

Terapia Vital: Metodología terapéutica creada por el autor en el año 2004. Es una síntesis de determinados contenidos de los modelos terapéuticos de Sigmund Freud, Alfred Adler, Viktor Frankl, Carl R. Rogers y Eric Berne, más las principales ideas-fuerza de sus libros de autoayuda. Está especialmente concebida para favorecer el desarrollo de potenciales y la realización personal.

Otros libros del autor

1988. *El cambio psicológico*
Es una guía de autoayuda inspirada en los principios clínico-metodológicos que el autor utiliza en psicoterapia. Muestra de forma clara y asequible la manera de favorecer la transformación interior y alcanzar el equilibrio a través de una revisión autocrítica de los mecanismos de defensa.

1995. *La felicidad personal*
Propone pautas para mejorar la seguridad y construir un modelo de relaciones interpersonales que permita desarrollar al máximo las propias capacidades. Quien esté dispuesto a aprender de sus errores y considere que la felicidad ha de depender más de sí mismo y menos de los demás, encontrará en este libro una guía útil para alcanzar la felicidad.

1998. *El arte de enamorar*
El libro aclara las claves psicológicas y emocionales que generan el enamoramiento y posibilitan su transformación en amor. Ayuda a que ambos sexos puedan sentirse cómodos dentro del vínculo amoroso sin tener que renunciar a la propia identidad.

2001. *Sexo sabio*
Esta obra ofrece las claves para evitar que el deseo se convierta en obligación y la sexualidad en débito conyugal. Establece las pautas de comportamiento sexual que pueden evitar que la pareja estable se convierta en una pareja estática y reflexiona sobre los factores que ayudan a mantener la calidad de las relaciones sexuales durante un tiempo indefinido.

2002. *Mil citas que invitan a pensar*
Los grandes pensamientos se pueden condensar en frases y máximas cargadas de sentido común que nos estimulan a profundizar en nuestro autoconocimiento. Con esta antología de citas, el autor nos invita a reflexionar sobre la naturaleza humana a través de reflexiones existenciales seleccionadas para despertar el gozo intelectual y la superación personal.

2006. *Amor al segundo intento*
¿Es preferible intentar mejorar una relación que no funciona? o ¿es preferible buscar una relación que pueda funcionar? Éstas y otras preguntas igualmente decisivas encuentran respuesta en esta obra, que se ha convertido en un referente indispensable para entender, en toda su profundidad, las relaciones de pareja.

2006. *Diez maestros y un aprendiz*
Saber lo que nos interesa y encontrar de quién podemos aprenderlo es la idea-fuerza que inspira este libro. La selección de autores y aforismos se ha realizado con criterios de utilidad psicológica. Su objetivo es profundizar en el conocimiento de la naturaleza humana e intentar que cada uno de los pensamientos que forman la antología sirva como fuente de inspiración para mejorar el autoconocimiento y la superación personal.

2009. *Los colores de la vida*
Los colores de la vida es la obra más íntima y personal del autor. En ella no sólo reflexiona sobre aspectos propios de su actividad profesional sino que también expresa su visión sobre la atribulada sociedad en que nos ha tocado vivir. Sus pensamientos constituyen una ingeniosa muestra de cómo la forma de estructurar lingüísticamente las ideas puede convertirse en disfrute intelectual y optimizar el valor del mensaje.

2009. *Recetas para mejorar el mundo*
Una original propuesta de autoayuda social en la que el autor desarrolla la idea de que lo que es bueno para las personas debe serlo también para la sociedad. Así pues, quien desee convertir su propio crecimiento personal en un instrumento de cambio social encontrará en esta obra un camino lleno de sentido común que ayuda a facilitar ese proceso.